Christian Weise

Bäurischer Machiavellus

In einem Lust-Spiele vorgestellet
den XV. Febr. M. DC. LXXIX.

Christian Weise: Bäurischer Machiavellus. In einem Lust-Spiele vorgestellet den XV. Febr. M. DC. LXXIX.

Erstdruck: Leipzig (Mieth), 1681. Uraufführung am 15.02.1679, Schulbühne, Zittau.

Neuausgabe mit einer Biographie des Autors
Herausgegeben von Karl-Maria Guth
Berlin 2020

Der Text dieser Ausgabe folgt:
Christian Weise: Sämtliche Werke. Herausgegeben von John D. Lindberg, Berlin und New York: Walter de Gruyter, 1971 ff.

Dieses Buch folgt in Rechtschreibung und Zeichensetzung obiger Textgrundlage.

Die Paginierung obiger Ausgabe wird hier als Marginalie zeilengenau mitgeführt.

Umschlaggestaltung von Thomas Schultz-Overhage

Gesetzt aus der Minion Pro, 11 pt

Die Sammlung Hofenberg erscheint im
Verlag der Contumax GmbH & Co. KG, Berlin
Herstellung: BoD – Books on Demand, Norderstedt

Die Ausgaben der Sammlung Hofenberg basieren auf zuverlässigen Textgrundlagen. Die Seitenkonkordanz zu anerkannten Studienausgaben machen Hofenbergtexte auch in wissenschaftlichem Zusammenhang zitierfähig.

ISBN 978-3-7437-3703-7

Bibliografische Information der Deutschen Nationalbibliothek

Die Deutsche Nationalbibliothek verzeichnet diese Publikation in der Deutschen Nationalbibliografie; detaillierte bibliografische Daten sind im Internet über www.dnb.de abrufbar.

Nemini.

Mein Niemand laß mir zu / daß ich den Namen schreibe /
Darauff diß Werck beruht; denn was mein Spiel verlacht /
Und was die Feder meint / das ist auf dich gedacht:
Gestalt ich allezeit dein stiller Feind verbleibe.
Du bist mein eintzigs Ziel / du must getroffen seyn;
Und noch zum Uberfluß hab ich die Macht genommen /
Daß dein Gedächtnüß soll in diese Zuschrifft kommen /
Derhalben sey vergnügt / und geh es willig ein.
Du bist der Unglücksmann / der allen Staat verkehret /
Der Aempter machen kan / der allen Trug erdenckt /
Der Gifft und Gaben nimmt / und doppelt wieder schenckt /
Der endlich Geld und Glück in solcher List verzehret.
Man schaue nur das Volck der lieben Menschen an /
So weit als Jemand wohnt; wird Jemand wol gefraget /
Der folgends solche That zur Antwort von sich saget?
Und also bleibts darbey: Herr Niemand hats gethan.
Der Schaden lieget da. Der Nechste wird betrogen /
Ein Armer teuschet sich in seiner Zuversicht /
Gesetzt ob Ihm das Glück ein süsses Ziel verspricht.
Wer da? Herr Niemand hat den Fuchs Peltz angezogen.
Indessen hoff ich noch / daß Jemand in der Welt /
Aus dieser Bauer-Lust was wird zu lernen haben:
Wol dem der Achtung giebt! hier liegt die Kunst vergraben /
Die mehr als Bauer-Witz in ihren Schalen hält.
Denn wer die Jugend soll zum Schertzen angewehnen /
Der muß im Spielen keusch / im Possen nützlich seyn;
Er muß den Zucker bloß auf solche Sachen streun /
Darnach sich anderweit gelehrte Geister sehnen.
Es ist ein schlechtes Thun / wenn ein vergiffter Hohn /
Den Nechsten schänden soll / wenn grobe Zoten fliegen /
Und wenn das Ergernüß die Jugend muß betriegen;
Denn letzlich hat man nichts als Schimpf und Haß davon.
Drum liebster Niemand komm und laß dir solche Schrifften
Treu anbefohlen seyn: dich geht der Handel an:
Ist jemand welcher sich darauß verbessern kan /

6

Derselbe mag vor dich ein ewig Denckmahl stifften.
Nur dieses magstu stets von mir versichert seyn /
Daß ich dich immerfort zur Lust vexieren werde /
Du bist des Lachens Zweck: Lebt jemand auf der Erde /
Der Niemand Höhnisch meynt / der stimme mit mir ein.
Ach Niemand habe Danck vor sein Politisch Wesen /
Wodurch er offtermahls die blöde Welt verführt;
Ach Niemand werde nun vor solche Kunst geziert;
Ach Niemand wolle sich in diesem Spiele lesen.

7

Verzeichniss der Personen.

Eusebius,
Politicus, des Apollinis Commissarien.

Uranius,
Civilis, der Commissarien gute Freunde.

Simplex,
Candidus,
Fidelis, des Machiavelli Ankläger.

Innocens,
Infucatus,
Immutabilis, der Kläger Beystände.

Apollo, der Richter in Parnasso.

Mercurius, des Apollinis Abgesandter.

Fama,
Curiosus, des Richters Bediente.

Rationalis, ein Vornehmer von Adel.

Appetitus, dessen untreuer Knecht.

Stoliditas,
Calliditas, zwey gemeine Dirnen.

Eruditus,
Sedulus,
Severus, des Appetitus Zuchtmeister.

Machiavellus, der Beklagte.

Gentiletus, der Advocat wieder Machiavellum.

Antiquus, der vermummte Machiavellus.

Im Zwischen Spiele

Ciaconi,
Friedeborn oder Pacifontius,
Ziribiziribo, drey Competitores.

Purus Putus, der Gerichts-Scholtze.

Substantia, seine Frau.

Quantitas, seine Tochter.

Durandus, der Land-Schöppe.

Scibilis, der Schulmeister und Consulent.

Risibilis, seine Tochter.

Excipe, der Rügemeister.

Vademecus, der Bier-Schatzer.

Extra, der Wege-Voigt.

Intra, der Einnehmer.

Adjectivus, der Beysitzer.

Nescio, der Bettelvoigt.

Juniperus, der Herr Pater.

Ascanius, dessen Auffwärter.

Vocativus, der Pachtmann.

Accusativus, der Verwalter.

Zodiacus, der Hirte.

Frececerax, ein Gefreyter.

Aciculus, ein Schneider.

Quoniam, der Thürknecht und Klingelmann.

Erste Handlung.

Eusebius, Uranius.

EUSEBIUS. Wo soll das Spiel vorgestellet werden?

URANIUS. Eben auff diesem Platze.

EUSEBIUS. Und wollen die Personen den Heydnischen APOLLO zu Ehren erscheinen?

URANIUS. Sie habens willens.

EUSEBIUS. Das soll gleichwohl an Christlichen Orten nicht geduldet werden.

URANIUS. Man hat Himmlische Sachen genung / die sich bey solchen Gelegenheiten anschauen lassen.

EUSEBIUS. Ich wil mich doch der Sache recht erkundigen. Dort kommt mein guter Freund / der wird vielleicht mit uns einerley Gedancken haben.

URANIUS. Ja wohl / kan POLITICUS dem EUSEBIO gute Dienste thun.

Politicus und Civilis treten auff.

POLITICUS. Ich bin zu frieden / daß ich meine Person in dem Schau-Spiele sehen lasse.

CIVILIS. So wil ich folgen.

POLITICUS. Der PARNASSUS soll sich eröffnen / und die Tugend-hafften sollen den grossen APOLLO als ihren Richter ansehen.

CIVILIS. Ich bedancke mich / daß ich solche annehmliche Sachen soll zu Gesichte bekommen.

POLITICUS. Ein junger Mensch muß bey Zeiten einen Blick in die Welt thun.

CIVILIS. Ich wolte wünschen / daß mein Glück mit guten Nutz geschehen möchte.

POLITICUS. Der PARNASSUS wird diesen Wunsch getreulich SE-CUNDIren.

CIVILIS. Ich bin jung; allein aus kleinen Samen sind offtmahls ansehnliche Stauden in die Höhe gewachsen.

POLITICUS. Der Himmel helffe / daß dieser köstliche Same

Legt Civili die Hand auf den Kopff.

7

mit vollem Wachsthum hervor breche.

EUSEBIUS. Liebster Bruder / was hat man vor ein Schau-Spiel unter der Hand? soll APOLLO auff einem Christlichen THEATRO auffgeführet werden?

POLITICUS. Warum solte dieses verboten seyn?

EUSEBIUS. Weil die Heydnischen Götter der Himmlischen Majestät zu trotze sind erdacht worden.

POLITICUS. Ich sehe wohl / daß die Sache durch eine wohlanständige Erklärung muß RECOMMENDIRET werden.

EUSEBIUS. Wo der gantze Leib verdorben ist / da wird keine äusserliche Artzney helffen.

POLITICUS. Der Herr Bruder wird wissen / was der Sinnreiche Italiäner TRAJANO BOCCALINI, mit seiner RELATION aus dem PARNASSO, vor ein Kunststück erwiesen hat.

EUSEBIUS. Es ist nicht alles Christlich / was künstlich ist.

POLITICUS. Es ist nicht alles unchristlich / was von den Heyden abgeborget ist.

EUSEBIUS. Dieser Italiäner mag vielleicht noch schlimmer gewesen seyn als ein Heyde.

POLITICUS. Ich sage meine Gedancken. Wer die Heydnischen Götter anbeten wil / der hat sich einer Sünde theilhafftig gemacht. Aber wenn jemand die artigen Erfindungen in solche Nahmen einkleiden wil / so wird ein Christlicher Poete so viel Freyheit haben als ein Heydnischer.

EUSEBIUS. Aber wo stecken die Erfindungen?

POLITICUS. Der PARNASSUS, oder die Versammlung der Tugendhafften / bedeutet die allgemeine Freundschafft der Gelehrten / welche gegen Abend und Morgen ausgebreitet sind / und welche von jedwedern Vorhaben ein kluges Urtheil zu fällen wissen.

EUSEBIUS. Aber was soll ich mir bey dem APOLLO einbilden?

POLITICUS. Wenn die Gelehrten unterschiedene Meynungen führen / so muß doch auff einer Seite die Warheit bestehen: Und dannenhero wird APOLLO vor den klügsten CONSENS der Gelehrten / und daß ich so reden mag / vor den Kern der klugen Wissenschafft genommen: darumb / wenn ich sage / APOLLO hat es in dem PARNASSO befohlen / so heist es / die vornehmsten und edelsten Gelehrten sind in dieser Meynung einig worden.

EUSEBIUS. Ist es möglich / daß die Erfinder dergleichen Außlegung haben?

POLITICUS. Es ist nicht anders. Wer wolte sich einer Heydnischen Gotteslästerung theilhafftig machen? Wer wolte aber auch die zulässigen Gedancken / welche bey den Poetischen Gemüthern nicht ungemein sind / also bald verwerffen?

EUSEBIUS. Also werde ich selbst belieben tragen / diesen APOLLO in seiner RESIDENZ zu besuchen. Ich weiß / mein URANIUS wird nicht von mir weichen.

URANIUS. Ich liebe den Himmel / und umb des Himmels Willen liebe ich die menschliche Gesellschafft.

POLITICUS. Dieser Gang soll uns nicht tauren.

CIVILIS. Ach gesegnet sey dieses Bildnüß / da EUSEBIUS und POLITICUS einander begleiten.

Gehen ab.
Simplex, Candidus, Fidelis.

SIMPLEX. Die Menschen leben in einer Welt / und haben nicht einerley Gedancken.

CANDIDUS. Man scheuet sich vor dem Lichte / und fürchtet sich vor der Finsternüß.

FIDELIS. Man lobt die Treue / und befleckt sich mit untreuen Verrichtungen.

SIMPLEX. Wo sind die einfältigen Menschen hinkomen?

CANDIDUS. Wo hat die Auffrichtigkeit ihren Sitz behalten?

FIDELIS. Ach / wo darff ein Mensch unter tausenden auch wol einem vertrauen?

SIMPLEX. Ich habe bey den Menschen das Bürger-Recht verlohren.

CANDIDUS. Mein Erbtheil ist mir in der Welt zu Waßer worden.

FIDELIS. Und meine Freundschafft ist in allen vier Theilen der grossen Erdkugel biß auff den letzten Mann abgestorben.

SIMPLEX. Ich suche Wohnung / aber ich werde verdrungen.

CANDIDUS. Ich suche meines gleichen / aber ich werde betrogen.

FIDELIS. Ich liebe / doch meine Zuneigung wird mit Schande und Verachtung belohnet.

SIMPLEX. Der grosse Schöpffer hat uns einen Kopff gegeben / daß wir uns vor zweyfältigen Gedancken eyfrig hüten sollen.

CANDIDUS. Und in dem Kopff beweget sich nur eine Zunge / daß wir nur einerley Sprache führen sollen.

FIDELIS. In der Brust wallet nur ein Hertze / daß wir die Freundschafft aus einer Quelle heraus leiten sollen.

SIMPLEX. Der Todt macht alles gleich. Warum wird das Leben mit vielfältigen Farben verändert?

CANDIDUS. Ein jedweder Mensch erschrickt vor dem Grabe: doch wenn er Lasterhafftig ist / so begräbet er sich selber.

FIDELIS. Und alle verlangen die göttliche Treue / wenn sie sterben sollen; niemand aber wil derselben Gehorsam seyn / so lange das Leben währet.

SIMPLEX. Woher muß doch diese Veränderung entstanden seyn?

CANDIDUS. Ich bekenne meine Gedancken offenhertzig heraus: Der betrügliche MACHIAVELLUS hat die letzte Grund-Suppe der Welt mit diesen Unrathe gekochet und gewürtzet.

FIDELIS. Warum reden wir verblümt? Seit MACHIAVELLUS seine Schrifften in der Welt ausgebreitet hat / so ist die Treue verloschen / und an derselben statt Falschheit / Ehrsucht / Geitz und Meineydt eingeführet worden.

SIMPLEX. Hat der Welt-Verderber nicht verdienet / daß er vor Gericht gezogen wird?

CANDIDUS. Man hat sich bißhero vor seinen Beyständen gefürchtet.

FIDELIS. Und die spitzfündige Welt wil ihren Lehrmeister nicht gerne verdammen.

SIMPLEX. Auff / ihr Brüder / weil der grosse APOLLO sein Gerichte hält / so versäumet die Zeit nicht. Hat er uns auff das äuserste verfolget / so mag ihn auch die ernste Straffe gedoppelt über den Hals kommen.

CANDIDUS. Die finstere Nachteule mag in einem dunckelen Gefängnisse verschmachten.

FIDELIS. Ja / dieser untreue Bösewicht soll unter falschen und grausamen Peinigern die Ewigkeit beschliessen.

SIMPLEX. Wer soll in unsern Namen das Wort führen?

CANDIDUS. Ich bin mit INNOCENTIO GENTILETO bekannt / der hat Muth und Kräffte genung diesen falschen POLITICUM zu verklagen. Allein er wird aus Furcht der allgemeinen MACHIAVEL-Listen in frembden Kleidern / wie denn auch in unbekanten Haaren erscheinen müssen.

FIDELIS. Heist dieses ein EXEMPEL der Auffrichtigkeit?

CANDIDUS. Ein Mensch kan zugleich auffrichtig seyn / und falschen Personen in gebührender Klugheit Widerstand thun.

SIMPLEX. Wohlan / es bleibe bey den Advocaten / und bey der übrigen RESOLUTION.

Gehen ab.
Der innere Schauplatz eröffnet sich / darinn Apollo in einem hellen Throne præsentiret wird.

APOLLO. Nach dem die Gesellschafft der vernünfftigen Menschen ihre zweiffelhafftige Fälle diesen hellgläntzenden Throne mit unterworffen haben / auch von so vielen Jahren her dieses Licht und diese Majestät von allen Völckern ist verehret / und mit beständigen Gehorsam angeschauet worden: Als will auch uns nicht anders obliegen / denn daß wir die kluge Welt bey diesen Vertrauen erhalten / und durch ein rechtmässiges Regiment die Klugheit von der Unvernunfft / den Irrthumb von der Wahrheit und das menschliche Wesen von der BESTIALItät unterscheiden: zu welchen Ende auch dieser ordentliche Gerichts-Tag wiederum angestellet ist / daß ein jedweder auff diesem freyen PARNASSUM ungehindert herauff steigen / und sich eines unpartheyischen Urtheils getrösten möge. Dannenhero gehet unser Befehl / daß FAMA den Gerichts-Tag allenthalben ausbreiten und die klagenden Personen biß zu unsern Majestätischen Throne begleiten möge / daran geschiehet unsre ernste Meynung.

Die Scene fält wieder zu und verbirgt den Thron.
Innocens, Infucatus, Immutabilis.

INNOCENS. Ich habe mich lange betrügen lassen / nun ist es Zeit / daß mir Hülffe geschieht. Ich heisse INNOCENS, aber in dem ich der Unschuld ergeben bin / schämen sich andre Leute nicht ihre Schuld durch allerhand Unrechte bey mir zu häuffen.

INFUCATUS. Ich bin selbst erfreuet / daß ein Advocate kommen ist / welcher den verdammten MACHIAVELLUM zur Straffe fodern wird. Ich heisse INFUCATUS, aber indem ich die Menschen mit keiner Schmincke betrügen will / wird mir alle Tage / ach! wohl alle Stunden ein neues und geschmincktes Blendwerck vor die Augen gestellet.

IMMUTABILIS. Unsre Principalen werden den Gerichts-Tag mit Verlangen erwarten: Ich selbst hätte der Welt gute Nacht gegeben: denn ich heisse IMMUTABILIS, doch jemehr ich in meinen ehrlichen Gemüthe zu einer beständigen Treue befestiget werde / desto mehr muß ich die wanckelmüthige Falschheit beklagen. Allein was erhebt sich vor ein Gethöne?

Es wird eine Trompete geblasen / Fama kommt heraus.

FAMA. Es sey hiermit allen und jedweden Einwohnern der alten und neuen Welt kundbar und zu wissen gemacht / daß der durchlauchtigste APOLLO, alsbald von Auffgang der Sonnen / in seinem hellgläntzenden PARNASSO den Majestätischen Richterstul eingenommen hat / und werden demnach alle jede gebührend erinnert / wofern sie in einigem Stücke / die Menschliche Klugheit betreffend / beschweret oder betrogen worden / daß sie den Gerichts-Tag nicht versäumen / und bey Erhebung ihrer rechtmässigen Klage eines gerechten Urtheils erwarten wollen.

INNOCENS. Dem Himmel sey Danck / daß der Tag eher angesetzet wird / als wir gehoffet haben.

INFUCATUS. Diese Zeitung wird von unsern Principalen frölich angenommen werden.

IMMUTABILIS. Es wird aber von nöthen seyn / das wir uns der gewissen Zeit erkundigen.

INNOCENS. Liebste Freundin / hat der Durchlauchtigste APOLLO seinen Sitz allbereit eingenommen?

FAMA. Es ist nichts anders als ich sage. Niemand kömmt zu geschwinde: aber will jemand zu langsam kommen / so darff Er den PARNASSUM wegen des Verzuges nicht beschuldigen.

INFUCATUS. Es sind etliche tugendhaffte im Begriffe mit einer unterthänigsten Klage zu erscheinen.

FAMA. Der Weg ist keinem verschlossen: last sie nur kühnlich herzutreten: ich muß weiter fort / und die Zeitung in allen Enden der Welt ausblasen.

Fama schwinget sich davon / die Trompete wird wieder geblasen.

IMMUTABILIS. Ach ihr Brüder säumet euch nicht / unsre Botschafft wird mit höchster Annehmligkeit gehöret werden.

Die Scene eröffnet sich wieder / da Apollo auf dem Throne sitzt.

APOLLO. Was hat doch der Mensch vor ein kostbares Kleinod an seiner Vernunfft / und wie könte doch derselbige nicht nur über etliche Geschöpffe / sondern über die gantze Welt triumphiren / wenn er die vernünfftige Seele nicht selbst ihrer Gewalt beraubete / und die fleischliche Begierden dem allgewaltigen Schöpffer zu hohen Verdruß über sich regieren liesse. Ach wie selten würde dieser Richterstuhl von mir betreten werden / wenn ein jeglicher Mensch den Richter-Stul seines Gewissens / den Anspruch seines Verstandes / und das Gesetze seiner gesunden Vernunfft beobachten wolte.

Gentiletus, Simplex, Candidus, Fidelis, Innocens, Infucatus, Immutabilis.

GENTILETUS. Durchlauchtigster APOLLO, alsbald ihre Majestät diesen allgemeinen Gerichts-Tag ausblasen / und absonderlich die tugendhafften zu gebührenden Schutze wider alle Bedrängnüß gnädigst aufffodern lassen / haben gegenwärtige Personen SIMPLEX, CANDIDUS, FIDELIS, wie denn auch ihre Befreundten / INNO-CENS, INFUCATUS, IMMUTABILIS, meine Wenigkeit dahin ver-mocht wider den Weltberuffenen MACHIAVELLUM eine Klage zu erheben / leben auch des unterthänigsten Vertrauens / es werde dieselbige von Ihrer Majestät in aller Huld angenommen / und nach den Regeln der Gerechtigkeit / der gantzen Welt zum herrlichen Exempel / erörtert werden.

APOLLO. In unserm PARNASSO ist es nicht eingeführet / daß man die Vorsprecher zuvor reden läst: wer beleidiget ist / der mag seine Nothdurfft selber vortragen: wird man hernach eines Advocaten bedürfftig seyn / so kan auch diese Rechts-Wohlthat den bedrängten Theile zu statten kommen.

SIMPLEX. Durchlauchtigster APOLLO, wird sind zu einer rechtmässi-gen Klage genöthiget worden: denn da ich an meinem Orte unter den Menschen ein rechtschaffenes und einfältiges Vernehmen erhal-ten möchte / wie denn auch der grosse Schöpffer deßwegen ein Hertz und ein Haupt gegeben hat: So hat der boßhafftige MACHIA-VELLUS mit seinen unverantwortlichen Schrifften die Gemüther dergestalt eingenommen / daß nunmehr zweyfältige Gedancken /

13

zweydeutige Reden / mit einem Worte / eine zweyköpffigte Mißge-
burt in der allgemeinen Gesellschaft angetroffen wird.

CANDIDUS. Eben der boßhafftige Feind hat mich / also zu reden /
von Haus und Hoff gejagt. Ich heisse CANDIDUS und bin gewiß
/ daß die Redligkeit und ein auffrichtiges Vernehmen gleichsam in
dem Panier stehen soll: Ach so hat so sich die Welt aus diesem
MACHIAVELLIschen Buche so weit verführen lassen / daß man
fast! ach ihre Majestät verzeihe dieser unbesonnenen Rede; daß man
fast an eines jedweden Menschen Brust ein gläsernes Fenster wün- 20
schen möchte / daß nur die verborgnen Gedancken könten an das
Licht gestellet werden.

FIDELIS. Durchlauchtigster Apollo, ich heisse FIDELIS und wie der
liebreiche Schöpffer durch sein eignes Exempel uns zu lauter Liebe
/ Treue / Freundschafft und Gütigkeit anlocken will / also wäre
auch mein Wunsch / daß ich die vernünfftigen Menschen bey solchen Vorhaben beständig erhalten könte. Allein ich möchte fast
blutige Thränen weinen / daß die betrügliche Falschheit mich allenthalben aus den rechtmässigen Erbtheile verjaget hat.

APOLLO. MACHIAVELLUS hat seiner Schrifften wegen in dem
PARNASSO albereit seine Straffe erlitten / daß er auch niemahls
in die Versammlung kommen darff / wenn er nicht einen gelben
Flecken zum Wahrzeichen an dem Kleide trägt: doch wir haben
noch nichts vernommen / daß er die Welt mit neuer CONFUSION
belästiget hätte. Er soll hergebracht werden / immittelst beredet
euch mit euren Vorsprecher / damit das Werck in aller kürtze zu
entscheiden sey

Sie treten zusammen biß Machiavellus kömmt.

MACHIAVELLUS. Durchlauchtigster APOLLO auff allergnädigste
CITATION erscheine ich / und will anhören / wessen ich mit Grund
der Warheit könne beschuldiget werden.

APOLLO. Hier ist ein Advocat / der soll die Klage kürtzlich vorbringen.

GENTILETUS. Durchlauchtigster APOLLO, dieser gegenwärtige
MACHIAVELLUS hat alle Falschheit / List und Betrügerey in der
Welt eingeführt / daß numehr ein tugendhaffter Mensch der Welt
eher Feind wird / als er mit schuldigen Diensten einige Freundschafft
erweisen kan. 21

MACHIAVELLUS. Ein anders ist anklagen / ein anders die Klage durch Beweiß befestigen.

GENTILETUS. Liegen die Schrifften nicht an Tage? es wäre schädlich / wenn man die Tugend im Hertzen hätte: Wohl aber könte es nützlich seyn / wenn man sich äusserlich durch einen Tugendhafften Schein RECOMMANDIRte / wiewohl mit diesem Bedinge / daß man auff dem Nothfall zu den Lastern greiffen / und die Tugend ohne Beschwerung des Gewissens verjagen könte.

MACHIAVELLUS. Was mein Buch betrifft / davor hab ich vor diesen Durchlauchtigsten Richter-Stuhl meine Straffe erlitten. Denn ob ich wohl durch eine Satyrische Schrifft die gewöhnliche Tyranney der Italienischen Fürsten vor der gantzen Welt PROSTITUIren wolte; So hätte ich doch besser gethan / wenn ich in der Schrifft nicht so ernstlich und gleich als mit einer gewissen Meynung auffgezogen wäre. Allein wo kömmt diese neue Klage her?

GENTILETUS. So lange das Buch nicht aus der gantzen Welt verbannet wird / so lange kan ein neuer Schaden erwachsen / und so lange muß der Autor des Buchs davor stehen. Ich meine / die Parisische Blut-Hochzeit wäre nachblieben / wenn die damahligen Statisten den MACHIAVELLUM nicht fleissiger gelesen hätten als die Bibel.

MACHIAVELLUS. Aus welchen Buche STUDIRten die Sicilianer ihre Vesper? Denn ich werde mein Buch nicht etliche 100. Jahr zuvor geschrieben haben / eh ich gebohren bin. Oder aus welchen Buche STUDIRte Cain / daß er in Gegenwart seines Vaters mit dem Abel freundlich reden / und ihm hernach mit guter Gelegenheit den Hals brechen solte?

GENTILETUS. Ich habe genung / was in dem Buche steht / das wird jetzund in der Welt PRACTICIRT: Also müssen wir den jenigen beschuldigen / welcher den ärgsten Verdacht auff sich geladen hat.

MACHIAVELLUS. Was vor meiner Zeit gewesen ist / darinn kan ich nimmermehr der Anfänger seyn.

GENTILETUS. Vor Zeiten lebten andre Leute / die haben ihre Verführer vor sich gehabt / und darum lassen wir uns unbekümmert: genung / daß wir wissen / woher die jetzige Welt betrogen wird.

MACHIAVELLUS. Gleich als könte die jetzige Welt den alten Verführern nicht folgen.

22

GENTILETUS. MAHOMET wird dessentwegen gleichwohl ein Verführer genennet / wenn er gleich seinen ALCORAN von den alten Jüden Ketzern und Heyden geborget hat: und desto schlimmer ist ein solches Buch / darinne die alte Betrügerey gleichsam IN QUINTA ESSENTIA wiederumb zu Marckte getragen wird.

MACHIAVELLUS. Ich höre nichts als eitle Muthmassungen.

APOLLO. Nein / MACHIAVELLE, auf diese Klage muß etwas deutlicher geantwortet werden.

MACHIAVELLUS. Durchlauchtigster APOLLO, die Boßheit der verkehrten Welt wird meinen geringen Buche zugeschrieben: allein ich will die Klage leicht von mir weltzen / wenn ich spreche / die Bauern sind nach Innhalt der eingegebnen Klage die ärgsten MACHIAVELLIsten / und ich will mich hoch verwetten / daß kein eintziger meine Schrifft gelesen und dergestalt den Namen eines würcklichen MACHIAVELLIsten verdienet hat.

APOLLO. Nehmt einen Abtritt / der Bescheid soll euch in kurtzen entdecket werden.

Die Scene fällt zu.

GENTILETUS. So muß sich numehr ein Fürstlicher und Päpstlicher SECRETARIUS auff die Bauern beruffen?

MACHIAVELLUS. In dem Vorgemache geb ich einem Parteyischen Advocaten keine Antwort. Ich erwarte / was der durchlauchtigste Richter beschliessen wird.

Curiosus, Eusebius, Uranius, Politicus, Civilis.

CURIOSUS. Auff erhobene Klage wider den MACHIAVELLUM und auf erfolgte Antwort / giebt der Durchlauchtigste Apollo diesen Bescheid/ daß EUSEBIUS und POLITICUS als verordnete COMMISSARIen in der Welt herumb ziehen / und daselbst bey den Bauren Achtung geben sollen / ob sie alle Boßheit mit den andern Menschen gemein haben; darnach / ob sie solches von dem MACHIAVELLO, oder von einem andern Lehrmeister begriffen haben: daran geschiehet ihrer Majestät ernster Wille / und sie haben biß auff den künfftigen Gerichts-Tag ihren Abschied.

Geht ab.

23

16

GENTILETUS. Wir müßen bey diesem Bescheid ACQUIESCIren: doch werden die Commissarien / nicht anders befinden / als daß die Bauern das MACHIAVELListische Gift von den übrigen POLI-TICIS eingesogen haben.

MACHIAVELLUS. Ich erfreue mich / daß meine gerechte Sache durch einen guten Anfang SECUNDIret wird.

Geht ab

GENTILETUS. Entweder MACHIAVELLUS ist der Thäter; oder ein ander muß die Beschuldigung über sich nehmen / von welchen wir hernachmals SATISFACTION begehren könten.

SIMPLEX. Die Einfalt soll dennoch die Oberhand behalten / wenn sie gleich durch tausendfachen Betrug gedrücket wird.

CANDIDUS. So lange als die Sonne der Finsternüß zu wider ist / so lange bin ich in meiner Hoffnung befestiget / daß meine Feinde nicht ewig triumphiren werden.

FIDELIS. Und so lange sich die göttliche Majestät die Liebe nennen lässet / so lange werde ich der untreuen Freundschafft zu keinen ewigen Sclaven verkaufft.

Sie gehen ab.

EUSEBIUS. So machen wir uns auf die Reise?

POLITICUS. Der scharffe Befehl unsers Monarchen leget uns diese nothwendige Schuldigkeit auff.

EUSEBIUS. Aber mein liebster URANIUS, wir werden auff eine kurtze Zeit von einander gesondert.

URANIUS. Ich wolte nachfolgen / allein ich bin noch zu schwach.

EUSEBIUS. So lebet in dessen wohl / und gebet Achtung / daß niemand unterdessen unsre Wohnung im PARNASSO verunreinigt.

URANIUS. Ich will alles genau in acht nehmen / mein EUSEBIUS ziehe glücklich hin / und gedencke an seinen Stuben-Gesellen / dessen Gemüthe sich dem Himmel / und also dem Himmlisch gesinnten EUSEBIO gewidmet hat.

Gehet ab.

POLITICUS. Ihr aber / mein liebster CIVILIS, wollet ihr mir das Geleite geben?

CIVILIS. Ach APOLLO hat es nicht befohlen.

POLITICUS. Aber womit wollt ihr die Zeit vertreiben / denn es möchte kommen / daß wir unterweges auffgehalten würden?

CIVILIS. Ach mein POLITICUS, ich will genug zu thun finden: bald will ich in meinem Buche lesen / bald auff das Feld gehen / bald will ich auch den Himmel ansehen und beten: Solte wohl einem Menschen bey solchen Geschäffte die Zeit ohne Lust und Liebe dahin gehen?

POLITICUS. Wer hat euch gesagt / daß ein zukünfftiger Weltmann beten muß?

CIVILIS. Ich sehe / daß EUSEBIUS und POLITICUS beysammen wohnen: und gleich wie sich EUSEBIUS in die Welt schicket / also muß auch POLITICUS sein weltliches Glücke bey dem Himmel suchen.

POLITICUS. Der Himmel erhalte euch in meiner Abwesenheit bey diesen Gedancken.

CIVILIS. Ach mein POLITICUS, ich nehme Abschied: in wenig Wochen will ich einen Kuß zum angenehmen Willkommen geben.

Geht ab.

26

EUSEBIUS. Wohlan wir befördern unsre Reise.

POLITICUS. Doch hab ich Verdruß / daß ich mich umb geringe und Bäuerische Personen bekümmern soll.

Gehen ab.

27

Andre Handlung

SCIBILIS. MULTA TULIT, MULTA TULIT heist es bey meinen schweren Ampt Sorgen. Denn ob gleich eine löbliche Gemeinde des weitberühmten Marckfleckens Querlequitsch eine schöne Verfassung im Regimente hat / also daß wir unser COLLEGIUM CO-MITIALE wohl SUPRA NUMERUM NOVEM MUSARUM bringen können / so bin ich doch CONSULENTE: das heist mit einem Worte: FAC TOTUM, was ich thue / das ist gethan / was ich schreibe / das ist geschrieben / und so bald ich meine Handlangung in der Kirche / nebenst meiner PRINCIPAL-Arbeit in der Schule verrichtet habe / so gehen die Sorgen erst in PUBLICIS recht an / daß ich auch mit der gantzen Gemeine ein zierliches und feyerliches

PACTUM auffgerichtet habe / daß mich keiner vor thum oder hoffärtig ausschreyen darff / wenn ich MORE SOLITO in meinen COGITATIONIBUS herumb gehen / und die SALUTANTES nicht nach Standes und Ehren Gebühr SALUTIren möchte. Es bleibt dabey / EGO SUM VERSATUS IN OMNI SCIBILI, daß heist / ich führe den CANTOR-Stecken in der Kirchen / den Griffel in der Schule / und die Feder auff den Schubäncken / welche PRO HIC & NUNC an statt eines Rathhauses gebraucht werden.

Ciaconi kömmt.

Doch was kömmt hier vor ein Landsman angestochen / der mich umb eine sonderliche Weißheit ansprechen wird?

CIACONI. Ihre CLARITäten vergeben ihren geringen Diener / daß er sich unterstehet dieselbe in andern wichtigen Geschäfften zu verhindern.

SCIBILIS. Guter Freund / gebt euch zu frieden / deßwegen bin ich allgemeiner CONSULENT, NE QUISPIAM Â FACIE MEA DISCEDAT TRISTIS: sagt mir / was ist euer anbringen?

CIACONI. Ihre CLARItäten sollen mein Verlangen gar kürtzlich vernehmen: Ich höre / daß der bißherige Pickelhering allhier zu Querlequitsch an einen Hochadelichen Hoff beruffen worden / und dergestalt die Stelle VACANT worden: wenn ich denn keinen Zweiffel trage / es werde mit ehesten wegen eines tüchtigen SUCCESSORIS gedacht werden / und ich gleich wohl meine EXERCITIA zu solchen Ampte sehr bequem befinde / als wolt ich ihre Claritäten gantz höchlich gebeten haben / mich nicht allein bey vorhergehender CONSULTATION mit einem wichtigen VOTO, sondern auch also dann mit einem guten Rathe zu SECUNDIren / ich werde – –

SCIBILIS. Ich verstehe den Herrn / was sein DESIDERIUM ist. QUICQUID PRÆCIPIES, ESTO BREVIS. Er rede nur kurtz. Doch was wolte der Herr sagen?

CIACONI. Ich werde solches danckbarlich erkennen und verschulden.

SCIBILIS. Mein Herr / BIVIUM HERCULIS, das Anbringen besteht auff zwey Puncten: erstlich verlanget er in unserer Gemeine Pickelhering zu seyn / darnach will er sich gegen mir danckbar erweisen. Gleich wie nun das letzte in seine DISCRETION gestellet wird / also sehe ich bey den ersten noch einige INCOMMODA, welche mir die Sache zweiffelhafftig machen.

CIACONI. Ich will hoffen die INCOMMODA werden sich beylegen lassen.

SCIBILIS. Ich will ihm sagen / mein Herr / ein Pickelhering / oder wie er ins gemein genennt wird / ein Druscheman allhier in Querlequitsch / der hat ein wichtiges Ampt.

Er fänget an den Fingern zu zählen.

TANTÆ MOLIS ERAT, vors erste muß er zur Leiche bitten / vors ander ist er auf den Trauermahle wohlbestalter Vorschneider / Lichtputzer und POSITIS PONENDIS wohl gar Einschencker; vors dritte muß er die Gevatter-Brieffe schreiben / vors vierdte muß er als ein ESSENTIALIS bey dem Tauff-Essen / wie denn auch bey dem Kirchgange die Gäste empfangen.

CIACONI. Das will ich alles verrichten.

SCIBILIS. Last mich weiter zählen / mein Freund / PRACTICA EST MULTIPLEX, es giebt noch viel mehr zu thun: bey der Hochzeit ist er INVITATOR, hernach PARENTATOR, das heist er muß den Gästen SOLENNITER dancken / er überreichet das Geschencke / und zeucht endlich der Braut die Schuh aus.

CIACONI. Ich höre noch von keiner grossen Beschwerligkeit.

SCIBILIS. CUR ME OBTUNDIS? Er muß bey der Gemeine die Steuer ansagen; wenn vornehme Personen durchreisen / muß er alten Gebrauch nach das Bier PRÆSENTIren / ja es mangelt wenig / so möcht ich sprechen / er wäre mein halber COLLEGE und der Unter-CONSULENT. Derhalben bedencket euch wohl / ob ihr zu dergleichen SALUTIBUS & OFFICIIS geschickt seyd? es heist bey einem solchen Ampt nicht TESTA DIU, sondern man muß geschwinde fertig seyn.

CIACONI. Ihre CLARItäten haben deßwegen keinen Kummer / sie kommen mir nur mit einem guten VOTO zustatten / ich wil in dessen zu guten Anfange meiner künfftigen Danckbarkeit ihre CLARItäten diesen 7. köpffigten Orts-Thaler verehrt haben.

SCIBILIS. So so mein Herr / LOQUERE, UT TE VIDEAM, ich habe nicht gewust / daß er so wohl STUDIret hat: er gebe sich zu frieden / wir wollen die Sache bald auf einen Ort bringen.

CIACONI. Ich habe darum zu bitten.

SCIBILIS. Das VACIrende Dienst muß IN PLENU CONSESSO vergeben werden / da ist nun zwar der Gerichts-Scholtze das CAPUT, wie dort geschrieben stehet / QUOT CAPITA TOT SENSUS: aber der Mann ist zu glimpflich und leutselig / daß er Niemanden gerne erzürnet. Derhalben fähret ihm der Landschöppe als ein harter Mann mehrentheils durch den Kopff / ich hielte davor / der Herr sähe 10. biß 20. Thaler nicht an / und würffe sie den Landschöppen in die Jacke / so würde das übrige gar leicht werden. UT AMERIS AMABILIS ESTO, das heist auff teutsch / wer schmähret / der fähret.

CIACONI. Ihr CLARItäten haben grossen Danck vor diesen guten Rath / und ob mich zwar meine Reise viel gekostet hat / daß sich mein PATRIMONIUM wohl über 15. fl. nicht erstrecken wird: doch wolt ich mein Haab und Gut daran spendiren / wenn meiner Wohlfahrt so gut geholffen würde.

SCIBILIS. Es ist gut / der Herr Landschöppe wird gleich hier vorbey gehn / wir wollen ihm die Sache vortragen.

Durandus kömmt.

CIACONI. Wer ist dieser Herr dorte?

SCIBILIS. EST FABULA IN LUPO. Dem Herrn Landschöppen meine freundliche Dienste.

DURANDUS. Habt Danck / Herr College / was giebt es neues IN PUBLICIS?

SCIBILIS *Führt ihn auff die Seite.* Es giebt sich ein CLIENT wegen der Pickelherings CHARGE bey mir an / der verspricht / er wil dem Herrn Landschöppen 20. Thaler geben / wo er darzu käme / aber Herr COLLEGA SUB ROSA: QUÆDAM SUNT & NON DICUNTUR.

DURANDUS. Der Vorschlag ist wohl gut / aber wie sagt ihr neulich auff den Schubäncken: MULTA DICUNTUR, PAUCA FIUNTUR.

SCIBILIS. Herr College / der Mensch ist mir zu ehrlich / und wenn ich sagen solte / wie köstlich er studirt hat / so gefällt mir seine Person so wohl / daß ich in guten Ernst sprechen könte: SI EGO NON ESSEM ALEXANDER, VELLEM ESSE HIC DIOGENES.

DURANDUS. Die RECOMMENDATION ist köstlich / last ihn herkommen.

SCIBILIS. DOMINE CANDIDATE, ACCEDE PROPIUS.

CIACONI. Ihren Herrligkeiten zu dienen / es wird denselben bekand seyn – – –

DURANDUS. Spart die Worte: der Herr College hat eure Meynung schon angebracht.

CIACONI. Ich bedancke mich vor die Mühwaltung / was ich versprochen habe / das will ich halten / oder will meine künfftige Besoldung zum Pfande einsetzen.

DURANDUS. Stille / stille / es ist schon gut / hier ist meine Hand / ihr solt unser Druschemann werden.

SCIBILIS. SED DOMINE CANDIDATE, QUOD EST NOMEN TUUM?

CIACONI. Ihre CLARItäten / ich heisse CIACONI.

SCIBILIS. Ein herrlicher Nahme / NOMEN & OMEN HABES.

DURANDUS. Nun macht die SUPPLICATION fertig und übergebt sie dem Consulenten / so wollen wir also dann auff nächste Zusammenkunft die Sache auf einen guten Ort bringen.

Geht ab.

SCIBILIS. MI CANDITATE, säumet euch nicht / PERICULUM EST IN MITRA.

CIACONI. Ich will die Vermahnung annehmen / Ihre CLARItäten leben indessen wohl.

Gehet ab.

SCIBILIS. Dieser Ortsthaler wäre verdient: nun werde ich solchen dem Herrn MATERIALIsten zu verwechseln geben / und an statt des SALARII, oder Auffgeldes ein Gläßgen Kümmelwasser einschencken lassen: denn wo wollen wir vornehme Leute hin? VINUS ADUSTUS CONSULENTIUM EQUUS.

Pacifontius steht an des Materialisten Thür.

SCIBILIS. Aber siehe da / was hat der Herr MATERIAList vor einen stattlichen Gast bekommen? SALUTEM PLURIMAM LENTULO SUO, dem Herrn einen guten Tag.

PACIFONTIUS. Schönen Danck / mein Herr / Er lasse sich eine geringe Ehre anthun.

SCIBILIS. HONOS ONOS, doch ich schlage es nicht aus / wo ist mein Herr hieher kommen?

PACIFONTIUS. Wohlweiser Herr / ich bin hieher kommen / mit ihm bekand zu werden / und vornemlich von euer Wohlweisenheit zu erforschen / ob ich keine SPERANtz haben könne Pickelhering zu werden.

SCIBILIS. SPES TUA LENTA FUIT, QUOD PETIS ALTER HABET.

PACIFONTIUS. Ey Wohlweiser Herr / ich bitte umb eine gute RESOLUTION: hier ist ein Thaler mit 24. Kopffen / den wil ich SPENDIren / wofern ich nur einen bequemen Vorschlag hören soll.

SCIBILIS. Ach so so / ich versteh den Herrn erst recht / er wil gerne Pickelhering werden?

PACIFONTIUS. Ja das wäre mein Wunsch / und hier ist mein Thaler.

SCIBILIS. QUIS ENIM SUCCENSET AMANTI? Ach wer das Ding vor einer halben Stunde gewust hätte! In Vertrauen hier geredt / der Landschöppe hat schon Geld drauf genommen / daß er einen andern machen will: doch last sehen / der Herr Gericht Scholtze hat eine Mannbare Tochter / nun seyd ihr ein hübscher QUALIFICIRTER Mensch / wenn ihr anbeissen wolt / so möchte der Pickelherings Dienst mit in das PRÆDICAMENTUM MATRIMONII eingebracht werden.

PACIFONTIUS. Ich würde mich glückselig schätzen / wenn ich den Dienst und die Wirthin zugleich bekäme.

SCIBILIS. Aber diesen Rath nehmt von mir an / halt es mit der Mutter / der Vater ist ein bißgen zu TIMAX, aber die Mutter ist desto besser LOQUAX, wo sie was drein zu reden bekömmt / so wird der Landschöppe ein betrogner STORAX.

PACIFONTIUS. Wer schafft mir aber einen freyen Zutritt?

SCIBILIS. EGO ERO FAX & TUBA, last mich nur sorgen.

Substantia kömmt auf der andern Seite heraus.

SCIBILIS. Sachte / sachte / die Frau Mutter steht an der Thüre.

SUBSTANTIA. Ich wolte / daß der Hencker die lumpen Leute von der Thüre wegführte / die mir alle mahl das Kehricht vor der Nase liegen lassen. Ach käme ich nur darzu / ich wolte den Rabenäsern die Augen auskratzen / oder sie müsten mir die Finger mit sambt den Nägeln verschlingen: daß dich botz alles mit ein ander / dadurch eine böse Frau fluchen kan / da liegt halt ich gar ein garstig Pappir: O ist mein Mann Gericht Scholtze / und soll sich nicht darein legen?

SCIBILIS. Hört ihr / was sie vor Zähne im Maule hat / und wie sie den Landschöppen mit seinen CLIENten ausbeissen wird?

PACIFONTIUS. Ich höre es / sie mag eine gute Wirthin seyn.

SCIBILIS. O ja sie geht im Hause herumb etc. EST MIHI NAMQUE DOMI: doch wir müssen sie anreden / eh sie das Haus zumacht. Einen freundlichen guten Tag / Frau Gericht-Scholtzin.

SUBSTANTIA. Siehe da / Herr CONSULENT, habt ihr schon was neues zu thun? Ihr verunruhigt meinen Herrn am allermeisten.

SCIBILIS. Wer das FAC TOTUM ist / der kans nicht ändern: aber ich weiß / daß mein Anbringen jetzo was wehrt ist.

Er führt sie auff die Seite.

SUBSTANTIA. Hui / daß der Hirte noch einmahl seine Besoldung wil verbessert haben.

SCIBILIS. Ach nein / da steht ein ehrlicher Kerl / er hat trefflich STUDIret / man siehts auch an seinen Kleidern / daß er manchen stattlichen Pfennig mag im Beutel haben / der wolte gerne Pickelhering werden: nun hab ich den Vorschlag gethan / er solte sich bey der Frau Gericht-Scholtzin anmelden / ob es nicht Sache wäre / daß ihre Jungfer Tochter und der Dienst mit einander vergeben würden. Ich halte ja wohl / die Jungfer Tochter wird zum Heiligen Ehstande nicht zu kleine seyn.

SUBSTANTIA. Grossen Danck / Herr CONSULENT, wegen der guten AFFECTION, die er gegen unsre FAMILIE trägt / es ist mir nur leid / das Mädgen möchte noch zu alber seyn: denn numehr hätte ich sie in der Haushaltung ein bißgen abrichten wollen.

SCIBILIS. USUS FACIT ARTIFICEM. Sie wirds wohl lernen.

SUBSTANTIA. Aber wie heist der frembde Herr?

SCIBILIS. Entweder ich habe nicht gefragt / oder ich habe den Nahmen vergessen.

SUBSTANTIA. Last ihn herkommen.

SCIBILIS. QUID SIGNIFICAS, DOMINE, wie heist der Herr?

PACIFONTIUS. Kurtz von meinen Nahmen zu reden / so hat mein seelger Vater Siegemund Friedeborn geheissen / und ich bin eben mit dem Nahmen getaufft worden / weil ich aber ein Gelehrter bin / so hab ich den Nahmen halb griechisch und halb Lateinisch verändert / und heisse NICOSTOMUS PACIFONTIUS.

SCIBILIS. CHRYSOSTOMUS? Das ist ein herrlicher Nahme / er wäre mir fast lieber als AMBROSIUS. Frau Gericht-Scholtzin / da ist der liebe Mensch / der umb einen sichern Eintritt bey ihrer Jungfer Tochter bitten läst.

24

SUBSTANTIA. Wenn er es mit einen jungen Mädgen wagen wil / so wollen wir wegen des Dienstes schon gute Verordnung machen.

PACIFONTIUS. Der Frau Gericht-Scholtzin Wille soll mein Gesetze seyn.

SCIBILIS. Der Herr hat schöne PHRASES. TU BIBISTI NECTAREM.

SUBSTANTIA. Ich werde das Mädgen heraus ruffen. Quäntgen / wo bistu? du solt heraus kommen.

QUANTITAS *hinter der Scene.* Liebe Mutter / was soll ich draussen?

SUBSTANTIA. Komm fort / es ist ein Freyer da / binde die weisse Schürtze vor und thue fein erbar.

Quantitas kömmt.

QUANTITAS. Liebe Mutter / da bin ich.

SCIBILIS. Mein Herr / ACCEDE AD IGNEM PROPIUS.

PACIFONTIUS. Tugendreiche Jungfrau / einen freundlichen Ehren-Gruß.

QUANTITAS. Liebe Mutter / soll ich dem Kerlen die Hand geben?

SUBSTANTIA. Sieht der Herr / was ich vor ein gehorsam Kind habe? da / da gib ihm die Hand / er sucht dich in allen Ehren.

QUANTITAS. Herr / die Mutter sagte / ich solte euch die Hand geben.

PACIFONTIUS. Willkommen / du edles Kleinod / du Zierde meines Lebens / und du Thorweg zu meiner Beförderung.

SCIBILIS. Das ist schön gesagt: PER HANG PORTAM INTRAMUS IN ECCLESIAM & REMPUBLICAM.

QUANTITAS. Liebe Mutter / der Kerl will mir die Hände nicht gehen lassen.

SUBSTANTIA. Du gehorsames Kind / wehre dich immer in Anfange / sonst dächte der frembde Herr / du wärest noch so wohlfeil.

SCIBILIS. Mein Herr PATIENTIA, VIRGINITAS VULT RAPI, die Jungfern wollen gebethen seyn.

PACIFONTIUS. Ich bin kommen ihre Schönheit anzubeten.

QUANTITAS. Liebe Mutter / der Kerl redt ein hauffen Dinges / das ich nicht versteh.

SUBSTANTIA. Geht nur mit einander in das Hauß / ich will euch den Verstand schon eröffnen.

Pacifontius und Quantitas gehen ab.

SUBSTANTIA. Nun Herr CONSULENT, gebt ihm nur die Einschläge wegen der SUPPLICATION, mein Herr soll das andre schon klar machen.

SCIBILIS. Aber zur Nachricht / der Herr Landschöppe hat auch einen in Vorrathe.

SUBSTANTIA. Was? der Landschöppe? er komme nur auffgezogen / er soll erfahren / wer auff unsern Schubäncken der öberste ist. Was wäre zu Querlequitsch vor eine Gemeine / wenn mein Herr thäte? doch seyd ihr ohne Sorgen / der Landschöppe muß verspielen / und wenn ich selber in die Stube hinauff lauffen solte.

SCIBILIS. Also werde ich meine Weißheit neben Ihr anwenden.

SUBSTANTIA. Es ist gut / unterdessen will ich meinen Herrn den Kopff waschen.

Scibilis geht ab.

SUBSTANTIA. Herr / komt doch ein bißgen heraus.

Purus Putus kömt.

PURUS PUTUS. Mein Schatz / was beliebt euch?

SUBSTANTIA. Habt ihr nicht den frembden Herrn gesehen? gelt / der solte unsrer Tochter gut anstehen?

PURUS PUTUS. Ist es ein Freyer?

SUBSTANTIA. Es steht in unser Gewalt / ob wir den Vogel fangen wollen. Denn können wir verschaffen / daß er Pickelhering wird / so hat unsere Tochter einen Mann.

PURUS PUTUS. Es ist eine schwere CONDITION. Ihr wüst wohl wie der Land-Schöppe so verdrüßlich ist. Wer weiß / ob nicht ein ander bey ihm das Jawort weg hat.

SUBSTANTIA. Ach daß ich doch so einen elenden Mann habe! Was ist wol ein kahler Land-Schöppe gegen einen rechtschaffenen Gerichts-Scholtzen? und ich sags euch / nehmt euer Autorität besser in acht / oder ich wil der Gemeine sehen lassen / daß eine Frau zu Querlequitsch lebt / die sich umb keinen Land-Schöppen hudelt.

PURUS PUTUS. Seyd doch stille / und last die Sache gehen.

SUBSTANTIA. Ihr feige Mämme / eurentwegen möchte die Haushaltung und der Kinder ihre Wohlfahrt zu Grunde gehen. Solche Gelegenheiten kommen nicht alle Tage. Werdet ihr euch einen andern überschnarchen lassen / so wil ich nicht einmal sprechen / daß ihr mein Mann seyd.

PURUS PUTUS. Ich habe nur eine Stimme / was kan ich thun?

SUBSTANTIA. Der Landschöppe hat auch nur eine Stimme / und ich sehe doch / daß manches nach seinem Kopffe gehen muß: wer ein Narr ist / und läst sich über den Tölpel stossen / der mag sich von den andern auslachen lassen.

PURUS PUTUS. Ich habe bißher umb Friedens willen viel gelitten / aber nun werd ich mein Kind an seiner Wohlfahrt nicht hindern: geht nur zu dem frembden Herrn hinein / und seht / wie ihr die Tochter unterrichtet / der junge Narr ist ein bißgen zu schamhafftig.

SUBSTANTIA. Ich wil das meinige schon darbey thun / gedenckt ihr nur an euer Ampt.

Geht ab.

PURUS PUTUS. Ich mercke es / daß die nechste Zusammenkunfft grosse Weitläufftigkeit geben wird. Denn meine Herrn Collegen sind es nicht gewohnt / daß ich viel Obstat halte / ich fürchte / ich fürchte / es wird ärger bey uns zugehen / als in Polen / wenn der Reichs-Tag zurissen wird.

Ziribiziribo kömt heraus / und singt ein Frantzösisches Liedgen.

PURUS PUTUS. Was muß dieses vor ein köstlicher Musicante seyn? Guter Freund / wie so lustig?

ZIRIBIZIRIBO. Ach mein Hochweiser Herr Gerichts-Scholtze / er vergebe mir / daß ich meine Lustigkeit so kühne gebrauchet habe. Ich dachte gleich auff Gelegenheit / dem Herrn Gerichts-Scholtzen auffzuwarten / und weil ich gute Hoffnung hatte / etwas bequemes auszurichten / so muste sich meine Fröligkeit durch dieses lustige Liedgen kundbar machen.

PURUS PUTUS. Was hat mein Herr vor eine Sache / darinn ich sein Verlangen etlicher massen SECUNDIren kan?

ZIRIBIZIRIBO. Hochweiser Herr Gerichts-Scholtze / ich bin ein ehr-licher Kerle / und habe mich in der Welt stattlich versucht. Nun möchte ich auch gerne mein Ruhe Plätzgen finden / also wolte ich vernehmen / ob bey dem VACIRENden Pickelherings- Ampte an meine Wenigkeit nicht könte gedacht werden.

PURUS PUTUS. So so / der Herr thut gar recht und löblich daran / daß er die Gemeine zu Querlequitsch seiner Dienste wil würdig machen. Doch kan ich ihm nicht verhalten / daß die Sache bey mir alleine nicht beruhet: kan er meine Herrn Collegen gewinnen / oder kan ich mit meiner RECOMMENDATION was darbey thun / so mag er sich desto gewisser auff mein VOTUM verlassen: er stelle mir nur eine geschriebene SUPPLICATION zu / jetzund hab ich andere Sachen zu verrichten.

Gehet ab.

ZIRIBIZIRIBO. Heysa / das Weibernehmen wird auch an mich kommen. Denn die andern Herrn haben ihr VOTUM mir schon zugesagt / da nun der PRÆSIDENte selber mit seinem VOTO keine DIFFICULtät machet / so werden sie gewiß an meiner Person etwas AGREABLES ersehen haben. Heysa / die EXPEDITION ist eines Frantzösischen Liedgens werth.

Er singet.

ZODIACUS *kömmt.* Sieh da / guter Freundt / wo war er hinkommen / ich bin ihm ein Gläßgen Brantwein schuldig blieben.
ZIRIBIZIRIBO. Nun wil ichs sagen. Ich bin bey euren Herrn gewesen / und habe umb den Pickelherings Dienst angehalten: wäre mir der Bettel abgeschlagen worden / so hätte ich mein Maul gewischt / und wäre stillschweigend davon geschlichen; nun ich aber in meiner Verrichtung so glückselig bin / kan ichs einen guten Freunde wohl vertrauen.
ZODIACUS. Habt ihr denn euren Paßport oder das PARLAMENT, wie es heist / schon in Händen?
ZIRIBIZIRIBO. Ich habe zwar nichts geschriebenes drüber / aber die PROMESSEN sind mir so gewiß / als eine VOCATION.
ZODIACUS. Herr / mich wundert / daß ein gereister Kerle die Leute nicht besser kennt: so lange als die Herren im Hause sind / so theilen sie lauter Aemter aus / aber wenn sie auff ihre Schubäncke nauffkommen / so werden sie gantz andere Menschen / daß sie auch ihre Zusage in Grund hinein vergessen.
ZIRIBIZIRIBO. Solte das möglich seyn?
ZODIACUS. Ich will euch mein Exempel anführen. Ich bin nun gleichwohl 15. Jahr in Querlequitsch gemeiner Hirte / und die

42

rechte Warheit zu bekennen / so ist meine Besoldung gar schlecht; drumb hielt ich an / sie möchten mir doch eine Zugabe thun / und von jedweden Hause / darinnen Vieh gehalten würde / des Jahres ein Brodt geben. Der Gerichts-Scholtze sagte mirs mit Hand und Mund zu / es wäre billich / daß mir die Arbeit belohnet würde / er wolte nicht eher ruhen / biß ich die Brodte und wol etwas mehrers zu meiner Besserung erhalten hätte.

ZIRIBIZIRIBO. Da hat er auch geredt / als ein löblicher Regente.

ZODIACUS. Ja / last mich nur den Ausgang erzählen. Der Gerichts-Scholtze kömmt auff die Schubäncke / und thut den Vortrag mit solchen Worten: ihr Herrn Collegen / der Hirte ist bey mir gewesen / und hat seine Besoldung wollen verbessert haben. Nun weiß ich nicht / wie der wunderliche Mann jetzund auff die Gedancken kömmt / da ohne diß so schwere Zeiten sind: haben sich die alten Hirten ernehren können / so wird der Kerl auch nicht Hunger sterben. Oder / wäre ihm das Aemtgen zu geringe / so wolten wir ihn an seiner Besserung nicht hinderlich seyn: doch steht den Herrn Collegen frey / was sie beschliessen wollen / befinden sie es vor rathsam / daß die Gemeine soll beschweret werden / so muß ich endlich die meisten Pfoten gelten lassen.

ZIRIBIZIRIBO. Wer weiß / wer dieses dem ehrlichen Manne nachgelogen hat.

ZODIACUS. Ja nachgelogen / der Herr Bierschätzer hatte gleich eine krancke Kuh / die muste ich gesund machen / da vertraute er mir die Heimligkeit / und schwur hoch und theuer darzu / sie wären alle auff meiner Seite gewesen / aber es hätte nichts helffen wollen.

ZIRIBIZIRIBO. Was brachte denn der Gerichts-Scholtze vor eine Entschuldigung vor?

ZODIACUS. Wie das Vieh auff den Abend zu Hause kam / stund er an der Thür / und ruffte mich hin / Gevatter / sagte er / es ist mir Leid / daß ihr nichts erhalten habt / ich war trefflich auff euer Seite. Aber ich ward überstimmt.

ZIRIBIZIRIBO. So höre ich wohl /dem gütigen Herrn ist nicht viel zu trauen.

ZODIACUS. Herr / gläubt mirs / wenn er mit Worten am freygebigsten ist / so ist er in der That am kärgsten.

ZIRIBIZIRIBO. Es wird mir leyd bey der Sache / guter Freund / ich spendire euch ein Seidel Brantwein / gebt mir einen Rath.

ZODIACUS. Ich weiß / was ihr thun könt: der Schulmeister hat nebenst dem Landschöppen das gröste Wort auff den Schubäncken / wenn ihr hingienget / und gebet bey seiner Tochter Freyens vor / er würde die Herren gewiß erinnern / daß sie ihre Wort halten musten.

ZIRIBIZIRIBO. Ist aber die Jungfer liebenswerth?

ZODIACUS. O ja / es ist ein feines Mensch / unter den Jungfern zu Querlequitsch laufft sie noch mitte.

ZIRIBIZIRIBO. Es wird mir aber an einem guten Vorsprecher mangeln.

ZODIACUS. Je / wenn ihr mich vor voll ansehet / so will ich dem Herrn Schulmeister wohl davon sagen.

ZIRIBIZIRIBO. Ich bin zufrieden. Kommt zuvor mit in die Schencke / und trincket ein Bißgen COURAGE.

Gehen ab.
Der Schau-Platz præsentiret die Schubäncke.
Purus Putus, Durandus, Scibilis, Excipe, Vademecus, Extra, Intra,
Adjectivus, Nescio treten auff / und setzen sich / Quoniam bleibet
an der Thüre stehen.

PURUS PUTUS. Meine Herren Collegen wissen bester massen / wie unser bißheriger Pickelhering oder Druscheman anders wohin beruffen worden / und nunmehr unsrem COLLEGIO die Ersetzung eines so wichtigen Amptes obliegen wil. Wenn denn der jetzige Tag dazu angesetzt ist / als hab ich hier eine SUPPLICATION von einem guten Menschen bey mir / der heist – der heist – der Nahme ist etwas zu lang / EN, I, NI. *Er buchstabiret fort.* NICOSTOMUS PACIFONTIUS. Weil nun die QUALItäten sehr gut bey ihm seyn / so zweiffel ich nicht / die Herren Collegen werden dem guten Menschen seine Beförderung nicht versagen.

DURANDUS. Mein Herr College / wir haben sein Anbringen angehöret: aber ich weiß nicht anders / es hat ein ander seine SUPPLICATION auch eingegeben / der heist BARRABAS CIACONI.

PURUS PUTUS. Ja / es war einer bey mir / aber er kam zu langsam.

DURANDUS. Vor unsern CONVENT kömmt niemand zu langsam / und ich PROCESSIRE darwider. Herr CIACONI ist so ein praver Kerle / die Gemeine könt es bey ihren Kinds-Kindern nicht verantworten / wenn sie den rechtschaffenen Kerlen nicht zum Pickelhering machten.

45

PURUS PUTUS. Herr PACIFONTIUS ist auch kein Narr / wir wollen die VOTA lassen rumgehen: ich spreche: Herr PACIFONTIUS soll Pickelhering seyn.

DURANDUS. Und ich spreche Herr CIACONI soll Pickelhering seyn / und wer ihm sein VOTUM versagt / der ist mein Feind.

PURUS PUTUS. Ey was? Ein jedweder hat sein frey VOTUM, Herr CONSULENTE was haltet ihr davon?

SCIBILIS. NULLI TACUISSE NOCET, Ich wil warten / biß die andern VOTIret haben. Denn es könte kommen / daß der CONSULENT auff die letzt was zu verbessern hätte.

PURUS PUTUS. Nun Herr Rügemeister / so sagt doch ihr eure Ge-dancken.

EXCIPE. Ich gebe mein VOTUM – ich gebe mein VOTUM ...

PURUS PUTUS. Herrn PACIFONTIO.

DURANDUS. Herrn CIACONI.

PURUS PRUTUS. Herr Rügemeister / gebt das VOTUM nach meinem Kopffe / oder euer Brandtewein-Schanck soll euch geleget werden.

DURANDUS. Herr Rügemeister / steht ihr auff meiner Seite / oder ich wil euch auff eurem Gute durch den Landknecht pfänden lassen.

SUBSTANTIA *trit auff.* Mein ehrlicher Thürknecht / sind die Herrn beysammen?

QUONIAM. Ja sie sind beysammen / es setzt harte Reden / der Herr Landschöppe ist eurem Herrn trefflich zuwider. Ich weiß nicht / wer die Oberhand behalten wird.

SUBSTANTIA. Ach mein Mann / die feige Memme / läßt sich freylich in ein Bockshorn jagen. Ich muß nur selber darzulauffen. *Läufft in die Versammlung.* Ha / du schmutziger Partitenmacher / was hat du vor einen verlauffenen Schelmen / der mich und die meinen verdringen soll? Das solt du wissen / daß mein Mann Gerichts-Scholtze ist / und daß seine Faute besser ist / als wenn deiner zehen in das Wesen hinein plerren.

DURANDUS. Ein Weib soll in der Gemeine stille schweigen.

SUBSTANTIA. Was / du kahler Bettelhund/ wer wärestu / wenn dir mein Mann nicht hätte zur Frau geholffen? Nun kriegt er den Danck vor seine Wohlthaten.

DURANDUS. Wir sitzen hier in LOCO SACRO, da sollen die Weiber davon bleiben. Ihr Herren VOTIret, weiter herum.

SUBSTANTIA. Was wolt ihr machen? ich biete dem Kerlen trotz / der mir meinen Herrn mit den Lateinischen Nahmen veracht. Ich wil euch weisen / was eine Gerichts-Scholtzin auff den Schubäncken zu thun hat. Flugs / erwählet mir denselben / den mein Herr haben wil / oder er soll von mir erwählet werden.

DURANDUS. Ihr Herren / unser COLLEGIUM wird geschimpfft / helffet mir die Bestie hinaus schmeissen.

QUONIAM *kömt gelauffen.* Herr CONSULENte / es ist ein guter Freund da / der wolte ein Wort mit ihm reden.

SCIBILIS. Mit mir? ich wil bald kommen.

SUBSTANTIA. Es stünde euch auch besser an / daß ihr meinen Herrn SECUNDIRT, und nicht auff beyden Achseln trügt. Mich dünckt / ihr habt von unser FAMILIE mehr genossen / als von dem beschmutzten Bettelhunde da.

SCIBILIS. Ihr Herren Collegen / ich werde abgefodert / ich wil nicht lange verziehen / so werde ich wieder da seyn. Fanget nur in meiner Abwesenheit keine Händel an / denn es möchte darnach an einen CONSULENTen mangeln.

DURANDUS. Geht nur fort / wir wollen mit VOTIren inne halten. 48

SUBSTANTIA. Und kommt auch zu rechter Zeit wieder / sonst heisse ich euch einen schlimmen Hund.

QUONIAM. Herr CONSULENte / der Hirte ist draussen und wil was nothwendiges mit euch reden.

SCIBILIS. BONI PASTORIS EST TONDERE PECUS, der Hirte macht einem CONSULENten die meiste Ungelegenheit.

ZODIACUS *kommt.* Mein Herr CONSULENte / er vergebe mir / daß ich eben an dem Orte so kühne bin / ich habe etwas vorzubringen / welches keinen Verzug leiden wil.

SCIBILIS. Ihr thut mir einen grossen Dienst / wo die Erzählung fein kurtz abgefasset wird.

ZODIACUS. Ich höre / die Herren wollen jetzund einen neuen Pickelhering machen: nun ist so ein praver lustiger Mensch bey mir / der hat gute Lust zu euer Jungfer Tochter / wenn ihr ihm nur zu dem Dienste helffen wollet. Er ist als ein Scherschlip verborgner weise durch viel Länder und Königreiche gezogen / und hat über 50. Gülden mit dieser freyen Kunst erworben. Herr / wie meinet ihr?

SCIBILIS. TARDÈ VENERE SUBULCI! ey / ey / warumb kömmt der liebe Mensch so langsam! *Er besinnet sich.* Doch ich weiß / wie der Sache zu rathen ist / sprecht / er soll meiner warten / wenn ich von Schubäncken komme / da soll er etwas Gutes hören.

Er geht wieder in seine Session.

DURANDUS. Wir können noch nicht einig werden / Herr CONSU-LENT sagt eure Meynung.

SCIBILIS. ASTRA REGUNT HOMINES, in meinen Calender stehet heute eine zancksüchtige CONSTELLATION, lasset das Werck etliche Tage anstehen / biß der Mond voll wird / ich weiß die Gemüther werden sich besser gewinnen lassen.

SUBSTANTIA. Herr / Ihr mögt den Vorschlag wohl annehmen / wir bleiben doch auff unsern Kopffe.

DURANDUS. Mein Herr CIACONI fragt auch nichts darnach. Er hat schon so viel Geld übrig / daß er so lange darvon leben kan.

SUBSTANTIA. Ja / wer sich doch in seinem hohen Ampte liesse hoffemeistern.

Geht ab mit ihren Purus Putus.

DURANDUS. Ich lasse mir die Gewalt nicht nehmen.

Geht ab.

SCIBILIS. Geht nur fort / es soll einer so viel darvon bekommen / als der ander. APPAREBIT TERTIUS INTERVENIENS, QUASI DEUS EX MACHINÂ.

Geht ab.

EXCIPE. Ihr Herren Collegen / was dünckt euch von der schönen Manier?

VADEMECUS. Was frag ich darnach / die Herrn mögen sich vergleichen.

EXCIPE. So viel / als ich versteh / so hatten alle beyde recht.

INTRA. Es gefiel mir gar zu wol / daß der Herr Landschöppe solche prave Hundsflöh in den Bart kriegte.

ADJECTIVUS. Ich will hören / was die andern sprechen / darnach wil ich meine Stimme einrichten.

NESCIO. Es wäre viel davon zu reden / wer alles wüste.

33

EXTRA. Die Herren verzeihen mir / ich habe gleich Arbeiter / die sollen mir an der Wiese einen Graben machen / ich muß gehen.

INTRA. Und ich versehe mich eines Schuldmannes / der mir eine alte versessene Zinse abführen soll.

Gehen ab.

ADJECTIVUS. Meine Frau hat Schindeln gekaufft / ich muß gehen / daß sie nicht im zählen betrogen wird.

Geht ab.

NESCIO. Und ich habe noch einen Braten von der neulichen Hochzeit zu holen / ehe mir die Bettel-Leute das beste wegfischen.

Geht ab.

EXCIPE. Das war gut / daß ich mit meinen C LIENten zu Hause blieb / gelt / der gestrige Herr war gut genung?

VADEMECUS. Ich möchte ihn selber in unser Gemeine wünschen: aber was kunten wir ausrichten?

EXCIPE. Wo wir noch einmahl zusammen kommen / so kriegen wir einander bey den Köpffen.

VADEMECUS. Ich bin den Landschöppen noch eines schuldig vor das neuliche Bierbrauen / er solte abscheulich getreten werden.

EXCIPE. Die Zeit wirds geben / ich springe hinter den Ofen / und halte das Licht herfür / daß sie sehen können.

Gehen ab.
Vocativus, Scibilis.

SCIBILIS. Ich halte die Sache wird sich so auff das beste angreiffen lassen / es ist bekand / FLECTERE SI NEQUEO.

VOCATIVUS. Der Herr sehe nur auff mich / der Juncker soll einen Befehl herschicken / darinn sein zukünfftiger Schwieger Sohn zum Pickelhering DENOMINIret wird: Wir wollen sehen / wer sich widersetzen soll.

SCIBILIS. ET FACILES MOTUS MENS GENEROSA CAPIT. Der Herr thue immer ein Werck der Barmhertzigkeit: Er weiß / daß ich jetzt das Steuer Register in unser Gemeine umbschreiben muß / ich kan ihm schon eine Wohlthat dargegen erweisen. MUTUUM MULI SCABUNT, ein Beampter hilffe dem andern.

VOCATIVUS. Ich höre schon wo der Herr hinaus wil / ich nehm es mit Danck an / Morgen auff dem Abend soll er den Befehl in dem Schiebsacke haben.

Geht ab.
Ziribiziribo bringt des Schulmeisters Tochter Risibilis an der Hand
/ und singt ein lustig Lied.

SCIBILIS. PAR NOBILE FRATRUM! Woher kommt ihr lieben Kindergen?

RISIBILIS. Da studieren wir schon auff unsre künfftige Haußhaltung.

SCIBILIS. Ja wohl; URIT MATURÈ. Was wohl erzogen ist / das geräth wohl.

ZIRIBIZIRIBO. Herr CONSULENT und zukünfftiger Herr Vater / wie stehets umb den Befehl?

SCIBILIS. IN TEMPORE VENIET, QUOD OMNIUM RERUM EST PRIMUM.

RISIBILIS. Ihr redet sehr viel Lateinisch / vielleicht verstehts der Herr nicht.

SCIBILIS. QUISQUE SUOS PATIMUR MANES. Ein jedweder Vogel singt / nachdem ihm der Schnabel gewachsen ist.

ZIRIBIZIRIBO. Ich habe mein Latein gar über der Frantzösischen Sprache vergessen.

SCIBILIS. Ja freylich / NON POSSUMUS SIMUL SORBERE & FLARE: das Latein erfodert einen gantzen Menschen.

ZIRIBIZIRIBO. Ich hoffe / wenn ich meine Ubung wieder haben solte / so könt ich mit der Zeit was vornehmers werden.

SCIBILIS. DIFFICILE EST ADVERSUS STIMULUM CALCITRARE. Im Alter lernt sichs nicht wohl.

ZIRIBIZIRIBO. Nun wohlan / Herr Vater / kommt herein auff ein Kännichen Bier.

SCIBILIS. QUI BENÈ BIBIT, BENÈ DORMIT. Wer was guts zu trincken hat / der führt die Braut heim.

ZIRIBIZIRIBO. Ich will die Zeche bezahlen.

SCIBILIS. PARCIUS UTARIS RAPIENTE VEREDO, Junges Blut / spar dein Guth.

ZIRIBIZIRIBO. Es liegen ihrer viel auff dem Kirchhoffe / die sich aus Kargheit nicht satt gefressen haben.

SCIBILIS. Ey ey POST FATA QUIESCIT, last todte Leute ruhen.

ZIRIBIZIRIBO. Ja wohl / ich halte mehr von den Lebendigen. Wie stehts Mädgen / ein Strohsack im Brautbette ist besser als ein samptnes Leichentuch?

SCIBILIS. TRAHIT SUA QUEMQUE VOLUPTAS, Ein jedweder Schäffer lobet seine Keule. Doch last uns gehen. ASINUS EST IN PATINIS, ich möchte gerne trincken.

Gehen ab.

Dritte Handlung.

Purus Putus, Durandus, Excipe.

PURUS PUTUS. Waren wir nicht Narren / daß wir uns mit einander zanckten?

DURANDUS. Wer hätte sich solcher Händel versehen sollen?

EXCIPE. Ich bin ein alter Mann / aber das ist das erste mahl / daß uns der Juncker mit einem Befehle in unser Gerechtigkeit eingreifft.

DURANDUS. Ich merck es wohl / unser Herr CONSULENT hat das Werck gemeistert / vielleicht ist seine Tochter mit eingedingt.

PURUS PUTUS. Es ist keinem Menschen zu trauen. Er ist die Ursache an aller unser Keifferey.

DURANDUS. Aber weiß der Herr College / was wir mit dem Befehle machen wollen?

PURUS PUTUS. Ich habe noch nichts erdencken können.

EXCIPE. Wir wollen zurücke schreiben / er soll uns mit dem Befehle ungeheyt lassen: Wir wollen doch wohl wissen / wo wir einen Pickelhering hernehmen.

DURANDUS. Bey leibe nicht / man muß die Obrigkeit RESPECTIren. Wir wollen antworten / der Juncker hätte uns befohlen / wenn wir einen Pickelhering machen wolten / so möchten wir eine gewisse Person bedencken; nun aber hätten wir willens keinen Pickelhering mehr zu machen.

PURUS PUTUS. Das wird sich vor unsre Gemeine nicht schicken.

DURANDUS. Wir machen wohl einen / aber wir geben ihm einen andern Nahmen: unter dessen mag der Juncker IN POSSESSION bleiben / daß ohne seinen Willen kein Pickelhering gemacht wird.

PURUS PUTUS. Aber auff solche weise müste Herr PACIFONTIUS bedacht werden.

DURANDUS. Ja hinter sich. Ich habe den Rath gegeben / mein Herr CIACONI geht vor.

PURUS PUTUS. Nein mit Gunst / ich habe auch was zu reden.

DURANDUS. Wir wollen sehen / wer die meisten VOTA kriegt.

EXCIPE. Ey ihr Herrn / fangt nicht die alte Leyer wieder von forne an. Unser Herr CONSULENTE hat ein Sprüchwort: RIDETUR CHORDÂ QUI SEMPER ABERRÂT EADEM.

PURUS PUTUS. Es bedarff keines Streits / der künfftige CONVENT soll es ausweisen.

DURANDUS. Ich will es erwarten.

Durandus und Excipe gehen ab.
Pacifontius, Quantitas.

PURUS PUTUS. Siehe da / meine Tochter! ich muß auff die Seite treten / und ihrem Gespräche zuhören.

PACIFONTIUS. Liebstes Jungfer Quäntgen / die Lust ist in grünen vortrefflich schön.

QUANTITAS. Das weiß ich ohn dem wohl / und wenn ihr mirs gleich nicht gesagt hättet.

PACIFONTIUS. Ich suche Gelegenheit mit meinen liebsten Kinde zu reden.

QUANTITAS. Wenn haben doch die Narrenpossen ein Ende?

PACIFONTIUS. Die Liebe sehnet sich nach keinen Ende.

QUANTITAS. Ich bin der Sachen ein Kind. Schwatzt mir was von einen Butterfasse / davon krieg ich was fettes in die Küche.

PACIFONTIUS. So will ich sie mein liebstes Butterfaß heissen.

QUANTITAS. Warum nicht euren Quarcksack? Wolt ihr einen Narren haben / so schafft euch einen.

Sie wil sich loß reissen / der Vater springt hervor.

PURUS PUTUS. Was machstu / bleib stehen / du grobe Keule / und thue erbar / wie die Mutter befohlen hat / oder ich mache dir in 20. Jahren keine Hochzeit.

PACIFONTIUS. Mein Herr Vater lasse die Jungfer Tochter schertzen / sie meynt es in Gedancken nicht so böse / als vielleicht die eusserlichen Wercke scheinen.

PURUS PUTUS. Nun so gehet doch hinein / ich habe ohne diß etwas geheimes mit dem Herrn Sohne zu reden.

[Quantitas geht ab.]

PACIFONTIUS. Ist etwan meine VOCATION schon ausgefertiget?

PURUS PUTUS. Freylich hat es an mir nicht gemangelt / aber der Hencker hat uns geritten / daß wir den Schulmeister / den Causenmacher zu unsern CONSULENten genommen haben.

PACIFONTIUS. Ey / das ist mein guter Patron / und dem habe ich meine gantze ADDRESSE in Querlequitsch zu dancken.

PURUS PUTUS. Unser Schulmeister hat ein Sprüchwort: VOLUNTAS HOMINIS EST AMBULATORIA, die Gedancken sind wie Aprilwetter. Er hat einen Freyer zu seiner Tochter bekommen / damit hat er einen Befehl von Juncker aus PRACTICIRET, daß wir den Scherschlip vor andern bedencken sollen.

PACIFONTIUS. Herr Vater / so steht mein Glücke noch in weiten Felde.

PURUS PUTUS. Ey / wir haben zu dem Loche schon einen Fleck gefunden. Wir wollen dem Juncker wieder schreiben / die Gemeine brauchte keinen Pickelhering / unterdessen wollen wir einen CERE-MONIEN Meister annehmen / der soll das alte FAS und das alte NEFAS behalten.

PACIFONTIUS. Soll ich aber Ceremonien-Meister werden?

PURUS PUTUS. Ich hoffe es. Aber der Landschöppe ist mir auff das neue zu wider: Wollet ihr guten Rath gelten lassen / so seht ein bißgen Geld nicht an / und stecht euren Widersacher ab. Ihr wüst wohl / wie unser CONSULENTE spricht / VIVAT umbs Geld.

PACIFONTIUS. Je wenn der Herr Vater meynt / daß meiner Wohlfart damit geholffen wird / so wil ich schon Geld finden. Aber wie giebt man der Sache die rechte Form?

PURUS PUTUS. Unser College / der Bettelvoigt / ist bey dem Landschöppen trefflich wohl dran / der nehme 3. Kannen Bier an statt der DISCRETION, und brächte die Sache zu einem guten Ende.

PACIFONTIUS. So müssen wir nach ihm schicken.

PURUS PUTUS. Nein / nein / er ist in meinen Hause / und macht meiner Frauen Strohseile / wir wollen ihn bald erlangen. Herr Bettelvoigt / Herr Ampts-College kommt doch auff ein Wort herunter.

Nescio kömmt mit einem Strohseile heraus.

NESCIO. Herr Gerichts-Scholtze / verhindert mich nicht an meiner Arbeit / wo die Sache nicht nothwendig ist.

PURUS PUTUS. Es gibt 3. Kannen Bier zu verdienen / werfft mir den Plunder hin / die Strohseile warten wohl / biß wir Morgen von Schuhbäncken kommen.

NESCIO. Meinetwegen / ich wolte lieber im Bier ersauffen als im Stroh verbrennen. Worinn kan ich dienen?

PURUS PUTUS. Ihr wüst / was neulich vor ein Streit wegen des Pickelherings war: Nun merck ich wohl / daß der Herr Landschöppe einen befördern wil / davon er etwas zu schneiden gedenckt. Solte es nicht angehen / daß er eben so viel von diesen guten Menschen geschenckt nehme?

NESCIO. Je warumb solte das nicht angehen? ich müste einen Versuch thun.

PURUS PUTUS. Ey / Herr College / seyd gebethen und gehet hin / der ehrliche Mensch wird 20. Gülden nicht ansehen.

NESCIO. Ich weiß / wie der Herr zu gewinnen ist: er hat ein liebes Söhngen / wenn ich denselben irgend einen Zeissig spendiren könte / so wäre der Zutritt desto gewisser.

PURUS PUTUS. Seht / wo ihr was bekommt / die Unkosten sollen euch ersetzet werden.

NESCIO. Ich habe eine Amsel vor 8. gl. aber es möchte dem Herrn zu tieff in das Geld reissen.

PACIFONTIUS. Ach nein / da habt ihr das Geld / und die 3. Kannen Bier darzu.

NESCIO. Grossen Danck. Gehet nur hinein / und trinckt eins mit einander / ich wil die Sache schon auff einen guten Ort bringen.

Gehen ab.
Scibilis, Excipe.

SCIBILIS. Wollen die ehrvergessenen Kerlen den Befehl nicht RESPEC-TIren?

EXCIPE. Wie gedacht / sie wollen ihn RESPECTIren / und wollen doch thun / was ihnen gefällt.

SCIBILIS. Und soll in dem Weltberühmten Marckflecken Querlequitsch kein Pickelhering mehr seyn? das wäre eine FALLACIA IN TERMINIS.

EXCIPE. Es wäre besser / man bliebe bey den alten Löchern.

SCIBILIS. Ich seufftze! HEU PRISCA FIDES! Ach wie hübsch war es vor Zeiten!

EXCIPE. Damit wird aber euer zukünfftiger Eydam kein Pickelhering.

SCIBILIS. Da last mich sorgen. UNIUS REI MULTI POSSUNT ESSE FINES, der Fuchs weiß mehr als ein Loch. Kan ich Befehl ausbringen / so kan ich auch die Befehle EXEQUIren lassen.

EXCIPE. Ich habe das meinige gethan / und habe euch die Sache bey guter Zeit vertrauet / ihr mögt im übrigen eure Klugheit zu Rathe ziehn.

Geht ab.

SCIBILIS. CUNEUS CUNEUM TRUDIT, ein Schelm kömmt über den andern. Doch ich müste nicht SCIBILIS heissen / wenn ich die albern Schächer nicht betrügen wolte. Ehe mein Befehl soll schimpffiret werden / ehe wil ich die gantze Bürgerschaft auffwiegeln / daß sie durchaus auff einen Pickelhering dringen sollen.

Zodiacus kömmt.

SCIBILIS. Das ist der Mann / den ich haben wil. AMICUS CERTUS IN RE INCERTA CERNITUR, wenn man der guten Freunde von nöthen hat / so kommen sie.

ZODIACUS. Herr CONSULENTE, last mich doch mit dem Lateine ungevexirt.

SCIBILIS. ABSTINE SUS, NON TIBI SPIRO. Ich rede das Latein vor mich. Aber wüst ihr was neues?

ZODIACUS. Ist irgend ein Unglücke da?

SCIBILIS. Ich wolte / ich hätte einen andern Dienst / der wär ein Schelm / der nicht gleich abdanckte. ARTEM QUÆVIS TERRA ALIT. Wer Patronen hat / kömmt wohl fort.

ZODIACUS. Dabey wird unsre Gemeine keine Seyde spinnen.

SCIBILIS. QUICQUID DELIRANT REGES, ihr habt es euren Regenten zu dancken. Sie wollen jetzund die Manier auffbringen / daß kein Pickelhering seyn soll: da wird das lumpen Querlequitsch nicht viel anders seyn / als HERBA ACIDA SINE FARCIMINE, das ist / eine Hochzeit ohne Spielleute.

ZODIACUS. Da wird die Gemeine auch drum reden.

SCIBILIS. OS OSSIS Mündlein / SED OS ORIS DEVORAT Hündlein. Wenn die gemeine Leute alleine sind / da haben sie immer ein grosses Maul / darnach wil niemand den Fuchs beissen.

ZODIACUS. Wir wollen sehen ob die Gemeine nicht ein Wort zu sprechen hat.

SCIBILIS. PRINCIPIUM FERVET. Was einer gut macht / verderbt der ander.

ZODIACUS. Gebt euch zu frieden / ihr sollet sehen / was wir vor einen Lärmen auf den Schubäncken machen wollen.

Geht ab.

SCIBILIS. DULCE BELLUM INEXPERTIS. Gegen grobe Leute muß man Gewalt brauchen. Und sie sollen sehen / wer das meiste zu regieren hat / NON DECEM ACHILLES, SED DECEM NESTORES, ein Schulmeister ist besser als zehn solche Pralhänse.

VADEMECUS *kömmt gelauffen.* Herr College / wüst ihr was neues?

SCIBILIS. AFRICA SEMPER ALIQUID NOVI, zu Querlequitsch hat der Hencker immer sein Spiel. Ist etwan der neue Ceremonien-Meister schon fertig? oder hat sich der Gerichts-Scholtze mit den Landschöppen herumb geschmissen?

VADEMECUS. Umbgekehrt / sie sind die besten Freunde. Herr PASELPONTIUS, oder wie der Narr heist / der spendirt dem Landschöppen so viel als der vorige / damit blasen sie in ein Horn.

SCIBILIS. IUNO MONETA, O du verfluchtes Geld!

VADEMECUS. Also wird die Wahl keine DIFFICULtät mehr haben.

SCIBILIS. ALTER MULGET HIRCUM, ALTER SUPPONIT CRIBRUM es wird nichts draus.

VADEMECUS. Der Herr Wegevoigt ist trefflich gut Freund mit ihm.

SCIBILIS. VOX EST PRÆTEREA´QUE NIHIL. Der Narr hat nur ein VOTUM, und was werden sie zu des Junckers Befehle sprechen? NE SUTOR ULTRA CREPITUM, es greiffe niemand in frembde JURISDICTION.

VADEMECUS. Sie wissen schon was neues. Sie wollen bey dem Juncker einen Befehl ausbringen / daß die Lands-Kinder vor den

62

frembden sollen befödert werden / und soll die Clausel drinne stehen / ungeacht aller vorhergegangenen Befehle.

SCIBILIS. NE HOC QUIDEM ADVERSUS PARMENONTIS SUEM. Damit ist der Herr CONSULENT noch nicht überwunden. ACHERONTA MOVEBO, ich wil den Herrn PATER mit in das Spiel bringen.

VADEMECUS. Auff eure Gefahr / ich spiele nicht mitte.

Gehet ab.

SCIBILIS. NULLA DIES SINE LINEÂ, ein jeder Tag hat seine eigene Plage. Doch SI TU ES CAJA, EGO SUM CAJUS. Wurst wieder Wurst. Ich wil den Vögeln eine Wurst braten / sie sollen sich das Maul daran verbrennen.

Ziribiziribo kömmt singende heraus.

SCIBILIS. VÆ TIBI RIDENTI, Herr Sohn / es ist nicht Zeit zu singen.

ZIRIBIZIRIBO. Last mich unverstört / wenn ich unglücklich bin / so muß ich doppelt singen.

SCIBILIS. HOMO OMNIUM HORARUM, der Mensch kan alle Verdrüßligkeit überwinden.

ZIRIBIZIRIBO. Was ist vorgefallen / das ich überwinden soll?

SCIBILIS. NE HERCULES QUIDEM ADVERSUS DUOS. Wer mit dem Gerichts-Scholtzen und Landschöppen zugleich in Widerwärtigkeit liegt / der muß ein Hertz in Leibe haben.

ZIRIBIZIRIBO. Ich dachte / die zwey Kerlen wären Feinde zusammen.

SCIBILIS. HERODES & PILATUS. Wenn es über uns Geistliche geht / so muß alles zu Freunden werden. Aber hört meinen Rath / mein Nachbar hat vor 8. Tagen eine Sau geschlachtet / und hat treffliche Bratwürste davon gemacht / nach dem Vers: FARCIMEN QUERLEQUITSCHENSE DECUS EST & GLORIA MENSÆ.

ZIRIBIZIRIBO. Was helffen mich die Würste?

SCIBILIS. Die bringt dem Herrn PATER zur Verehrung / damit er den Kerlen stattlich verachtet / der euch die Schuh austreten wil. Denn es ist ein Befehl vor die Lands-Kinder unter der Hand / und wir können nicht leugnen / der alte Friedeborn ist an unsers Junckers Hofe ein Leyer-Mann gewesen: versteht mich nur / CURIA ROMANA NON CURAT OVEM SINE LANA.

ZIRIBIZIRIBO. Der Herr PATER solte mir die Wege weisen / wenn ich an den jetzigen Fasttage mit Bratwürsten auffgezogen käme.

SCIBILIS. Der Herr PATER ist gar gut / NODUM IN SCIRPO NON QUÆRIT, er frist manchmahl eine Bratwurst vor eine Lamprete. Legt sie zusammen in eine Fischreuse / ehe der liebe Mann sieht / was er in der Schüssel hat / so sind sie verschlungen. VENTER CARET AURIBUS, wenn es nur gut schmeckt.

ZIRIBIZIRIBO. Ich nehme die Lehre an / aber auff euer Gefahr.

SCIBILIS. REM TUAM CUSTODI, ein jedweder sorge vor seine Haut.

Gehen ab.

JUNIPERUS. Ich faste zwier in der Wochen / und wer es nicht glauben wil / der sehe meinen Bauch an. Denn so gern als ich die Faste wolte abbringen / so wil ich doch nicht gerne meine Lateinische Sprache schimpffen / die besteht in 4. Worten: CREDO QUOD ECCLESIA CREDIT. Und damit hab ich so viel erworben / als mancher mit einen gantzen Folianten. Das übrige lese ich aus dem Buche / und darumb bin ich auch den Gelehrten von Hertzen feind. Denn sie müssen mit ihren Lateinischen Sacke kommen / und da gibt es schwere Gedancken / wenn man bey Ehren bleiben soll. Es ist nicht lang / so reiste ein Ketzer oder sonst ein verlauffner Kerle durch unsern Flecken / und als er mich so gar schöne in der Messe singen hörte / so dachte er / ich hätte alles auswendig gelernet / und kam bey dem Alter zu mir / daß ich vor dem erschrecklichen Lateine kaum in der Kirche bleiben konte. Zu meinen guten Glücke besann ich mich auff mein Vaterland / und sagte / QUITsch QUERLE QUERLEQUITsch / da lieff der gute Mensch zu meinem Küster / und fragte / ob ich ein Moscowiter wäre? mein Küster sagte: Ja / damit stahl er sich aus meinem Gesichte / wie die Katze vom Tauben-Hause.

Ziribiziribo kömmt und hat an statt der Bratwürste zwey grosse ausgestopffte Würste / wie die Moriones tragen / in die Schüssel gelegt.

JUNIPERUS. Aber / was kömmt da vor ein Außländer / hui / daß mir seine Sprache beschwerlich ist.

ZIRIBIZIRIBO. Ehrwürdiger Herr Vater / hab ich Freyheit ein Wort zu reden?

JUNIPERUS. Mehr als eines / wenn die Sache angenehm ist.

ZIRIBIZIRIBO. Ehrwürdiger Herr Vater / ich habe Verlangen mit dessen vornehmer Person bekandt zu werden: drumb habe ich diese geringe Lampreten / so gut als sie bey dieser Jahres-Zeit gefangen werden / zur Verehrung gleich als zu meinen Vorsprechern bringen wollen.

JUNIPERUS. In Warheit / es sind schöne Stücke / sie sind gewiß einen COMES PALATINUS aus dem Teiche entwischt / der sie LEGITIMIRT hat. Ich sehe / der Herr hat sonst ein Anbringen / er würde mich so köstlich nicht beschencken.

ZIRIBIZIRIBO. Ich suche nichts als vornehme Bekandschafft. Könte mir aber darnach mit was gedienet werden / so würde ich meinen Wohlthäter nicht verachten.

JUNIPERUS. Er sage nur her / mit Gelde kan ich ihm nicht dienen / aber verlanget er einen zehnfachen Segen / den wil ich über ihn sprechen.

ZIRIBIZIRIBO. Es ist etwas anders. Denn ich habe von den gestrengen Juncker einen Befehl / daß ich soll Pickelhering werden. Aber der Gerichts-Scholtze wil mir ein Lands-Kind vorziehen / der keine andere Qualitäten hat / als daß sein Vater vor 20. Jahren auff den nechsten Dorffschafften vor einen Leyermann gedienet hat. Wenn doch der Herr PATER den liederlichen Menschen mit lebendigen Farben abmahlen wolte / daß sich die Patronen der schönen Beförderung schämen müsten.

JUNIPERUS. Stille / stille / ich habe genung. Grüst ihr nur euren Herrn CONSULENten / und gebt Achtung / ob die Glocken in wenig Tagen nicht anders klingen sollen.

ZIRIBIZIRIBO. Also lebe der Herr PATER wohl.

Geht ab.

JUNIPERUS. Ich sehe wohl / daß dieses Bratwürste seyn / doch weil es die einfältigen Leute vor Fische halten / so gebe ich niemanden Aergernüß / wenn ich heute was davon verzehre.

Gehet ab.
Purus Putus, Durandus.

PURUS PUTUS. Ob wir den Befehl erwarten?

DURANDUS. Es ist nicht von nöthen. Wir wollen ihm die VOCA-
TION ausantworten. Ein PLEBISCITUM, das von dem Obersten
abgefasset wird / das soll unsre Widerpart wohl unumgestossen
lassen.

PURUS PUTUS. Aber wer schreibt die VOCATION? unser CONSU-
LENTE wäre noch wohl so schlimm / und schriebe an statt unsers
CLIENTens seinen Schlipscher hinein / und wenn wir das Siegel
drauff druckten / so wären wir gefangen.

DURANDUS. Der Vogel hat die Künste mit den Brieffen gelernet.
Ich meine der Einnehmer ist neulich betrogen worden.

PURUS PUTUS. Weiß ich doch nichts davon.

DURANDUS. Der CONSULENTE kauffte einen wüsten Garten da
waren 15. Gülden Steuer auffgelauffen; die bezahlte er / und
machte nach seinem Gefallen eine Quittung / die der Einnehmer
unterschreiben muste. Gleich auff den Jahrmarckt / da der Einnehmer am meisten zu thun hat / kömmt er wieder / und bringt die
Quittung auff ein PERGAMENT Blat geschrieben / unter dem
Vorwande / daß Papier möchte ihm von Mäusen leicht zerbissen
werden / da er doch dieses DOCUMENT biß auf seine späten
Kinds-Kinder auffheben wolte. Der gute Mann nimmt sich nicht
so viel Zeit / daß er den Brieff übersiehet / damit ist er zugleich
auff ein CAPITAL von 20. fl. quittiret.

PURUS PUTUS. Er könte uns noch einen Possen machen. Doch was
bringt der Herr PATER?

JUNIPERUS *[kömmt.]* Den Herren meine freundliche Dienste.

PURUS PUTUS. Grossen Danck / Herr PATER. Wo so lange gewesen?

JUNIPERUS. Man darff die Herren in ihren Verrichtungen nicht alle
Tage verhindern. Wer weiß / ob ich jetzund zu gelegener Zeit
komme.

PURUS PUTUS. O wir haben nicht viel zu thun. Wir sorgen nur vor
einen neuen Pickelhering.

JUNIPERUS. Sie werden allbereit eine tüchtige Person im Vorschlage
haben.

PURUS PUTUS. Ja / des alten Friedeborns / der vor 20. Jahren
Leyermuntel hieß / sein Sohn möchte wohl das beste darvon kriegen.

JUNIPERUS. Ey ihr Herren / wie seyd ihr auff diese Person kommen?

PURUS PUTUS. Ich hoffe wir sollen nicht betrogen seyn.

68

45

JUNIPERUS. Ich begehre zwar an ihrem Ampte nichts zu tadeln: doch wenn man bedenckt / wie er seine Jugend so liederlich zugebracht hat / so möchte einem wohl grauen / daß man so einen bösen Menschen in der Kirche und in der Gemeine soll vor sich sehen. Ihr Herren / ich bitte euch / umb eures Gewissens willen / lasset euers Seelsorgers Erinnerung etwas gelten / und bemühet euch umb eine andere Person. Es wäre uns schlechte Ehre / wenn ihn der Juncker einmahl auff Rad und Galgen abfodern liesse.

Substantia kömmt rasende heraus gelauffen.

SUBSTANTIA. Wo hat mein Schwieger Sohn Rad und Galgen verdient? daß dir alle 27. Elementen in die Kappe fahren. Solstu ehrliche Leute bey ihren Patronen so in das Saltz hacken? Harr ich weiß auch was / ich wil dir bey unsern Juncker ein Hünichen braten / daß dich im Leibe reissen soll. Du Capital-Fresser / du Allmosenfresser: Da steht das böse Ding / und lästert auff ehrliche Leute: darnach tritt er vor den Juncker und heulet ihm eins vor / biß er ihm vor etliche Blechatschen Trost in die Jacke wirfft. Du Blechätschen-Flenner.

JUNIPERUS. Meine Frau Gerichts-Scholtzin sie besinne sich doch.

SUBSTANTIA. Ey ich habe mich schon besonnen / und wo mein Schwieger Sohn darhinter hingeht / so wil ich auch mein Maul auffthun: ihr wüst wohl dorte ES, A, SA – – –

JUNIPERUS. Wenn man guter Meynung wegen nichts erinnern darff / so kan ich wohl stille schweigen. Der Pickelhering thut mir an meinem Einkommen keinen Schaden.

Gehet ab.

SUBSTANTIA. Er komme wieder / hat er ein Hertze / ich wil ihm den Peltz waschen / daß er seiner Verleumbdung vergessen soll.

Geht ab.
Scibilis und Ziribiziribo auf der andern Seite.

SCIBILIS. DUM FERRUM CANDET, Herr Sohn / der PATER wird das seinige gethan haben / es ist Zeit / daß ihr in der ersten Hitze nach kommt. Denn QUOD CORRUMPITUR IN PRIMA CONCOCTIONE NON CORRIGITUR IN SECUNDA, der erste Zorn ist hefftiger als der andre.

ZIRIBIZIRIBO. Ich wil meinen Fleiß nicht sparen.

SCIBILIS. INTEREST & REFERT, Ihr habt den meisten PROFIT davon.

Geht ab.

ZIRIBIZIRIBO. Meine gebietende Patronen vergönnen ihrem Diener eine kurtze AUDIENZ.

PURUS PUTUS. Wir haben wenig Zeit übrig / die Rede muß in wenig Worten bestehen.

ZIRIBIZIRIBO. Ich wil es kurtz geben / sie machen mich zu ihrem Pickelhering.

DURANDUS. Ich halte / ihr denckt / wir brauchen ein halb Schock Pickelheringe zu Querlequitsch.

ZIRIBIZIRIBO. Der Herr PATER wird meiner schon in allen besten gedacht haben / ich bitte / sie lassen die gute RECOMMENDATION gelten.

DURANDUS. Es ist noch nichts davon gedacht worden / wenn der Herr PATER seine Person RECOMMENDIren wird / und es wäre so dann noch niemand im Vorschlage / so könnt ihr euch wieder anmelden.

Durandus und Purus Putus gehen ab.

ZIRIBIZIRIBO. Wie muß der Herr PATER seine RECOMMENDATION so schändlich vergessen haben? hat er meine Bratwürste gefressen / so muß er sie auch verdienen.

Ascanius tritt an des Herrn Paters Thüre heraus.

ZIRIBIZIRIBO. Sieh da / ich werde mich gleich bey dem Herrn PATER lassen anmelden. Glück zu / mein Freund / ist der Herr PATER zu Hause?

ASCANIUS. Nach wem fragt der Herr?

ZIRIBIZIRIBO *ad spectatores*. Der gute Mensch hört nicht wohl / ich muß laut schreyen: *Ad Ascanium*. Ist der Herr PATER zu Hause?

ASCANIUS. Ich wil darnach sehen. Wer ist der Herr?

ZIRIBIZIRIBO. Ich habe neulich etliche Lampreten gebracht / er wird mich wohl kennen.

ASCANIUS. So so / er verziehe nur ein bißgen an der Thüre / ich wil den Herrn PATER fragen / ob er zu Hause ist.

Geht ab.

ZIRIBIZIRIBO. Es geht bey diesem Herrn PATER gar Fürstlich zu / man muß sich gar weitläufftig lassen anmelden.

ADJECTIVUS *kömmt.* Was macht der Herr bey diesem geistlichen Hause?

ZIRIBIZIRIBO. Ich habe mich bey dem Herrn PATER lassen anmelden.

ADJECTIVUS. Habt ihr schon lang gewartet?

ZIRIBIZIRIBO. Es war ein junger Mensch haussn / der wolte darnach sehen / ob er zu Hause wär.

ADJECTIVUS. Guter Freund / geht ins Wirthshauß davor / so könnt ihr die Zeit besser zubringen als hier vor der Thüre.

ZIRIBIZIRIBO. Ich habe bey dem Herrn PATER was zu verrichten. Es ist mir nur leyd / er möchte nicht zu Hause seyn.

ADJECTIVUS. Ey / was solte er nicht zu Hause seyn? wie ich daher kam / so guckte er mit der rothen Nase durchs Fenster. Aber es gilt eine Wette / der Bothe wird eine zierliche Lügen bringen: und damit Holla.

ZIRIBIZIRIBO. Der Herr PATER wird seinen jungen Untergebenen nicht zum Lügen anhalten.

ADJECTIVUS. Ey / das heist nicht gelogen / es heist nur ein bißgen politisch gespielet. Doch der Diener kömmt wieder / heist mich einen Lauer / wo ihr nicht mit einer langen Nase zurücke müst.

Geht ab.
Ascanius kömmt.

ZIRIBIZIRIBO. Wie stehts guter Freund? Ist der Herr PATER anzutreffen?

ASCANIUS. Nein / er ist gleich eine viertel Meile von hier zu einer Adelichen Person geholet worden / und da möchte er sich wohl biß gegen den Abend auffhalten.

ZIRIBIZIRIBO. Ich hätte gemeynet / er guckte oben durch das Fenster heraus.

ASCANIUS. Ach nein / ich war oben / und schlug mit einer rothen Fliegen Klatschen eine Wespe todt / die wird durch geschimmert haben.

ZIRIBIZIRIBO. Gleichwohl hab ich ihn nicht gesehen ausgehen.

72

73

ASCANIUS. Er gehet gemeiniglich zur hinter Thüre hinaus.

ZIRIBIZIRIBO. So muß ich auff dem Wege lauren / wenn er zurücke kömmt.

ASCANIUS. Der Herr bemühe sich nur nicht / es möchte dem Herrn PATER nicht lieb seyn: er hat gar viel zu thun / darbey er in 8. Tagen keinen Menschen vor sich lassen kan.

Geht ab.

ZIRIBIZIRIBO. O Schade umb meine REFORMIRte Lampreten! O hätte ich sie gefressen / der Bauch wäre mir völler darvon worden / als von den elenden Worten / davon ich nichts habe / als eine Hand voll Schande.

Geht ab.
Durandus. Purus Putus, Pacifontius, Intra.

PURUS PUTUS. Herr Einnehmer / habt ihr die VOCATION geschrieben?

INTRA. Ich habe so was hingemacht / weil es die Herrn vor rathsam erkanten: sonst halt ich wohl davor / der Herr CONSULENTE wäre besser mit zu Rechte kommen / er hätte auch umb etliche Groschen Latein darzu gesetzet.

PURUS PUTUS. Es wird schon gut seyn / wir nehmen ihn zu einen teutschen Pickelhering an / und darzu mag die VOCATION immer PASSIren.

INTRA. Ich behalte den STYLUM, dessen wir bey der Einnahme gewohnt sind / und ich gebe mich vor keinen CONSULENten aus.

PURUS PUTUS. Habt Danck / habt Danck / Herr Einnehmer: aber ihr Herr PACIFONTIUS, hier seht ihr eure VOCATION. Es mangelt nichts daran / als daß sie gesiegelt wird.

DURANDUS. Wir können etliche aus unsern COLLEGIO darzunehmen. Der CONSULENT ist ohne dem nur unser Diener / und gehöret so eigentlich nicht darzu / damit hat es seine Richtigkeit.

PURUS PUTUS. Nun zukünfftiger Herr Sohn / er sieht / wie ihm das Glücke FAVORISIret hat / ich GRATULIRE ihm von Hertzen / und wünsche / daß ihm die auffgetragene Ehrenstelle zu lauter Freude / Segen und Vergnügen gereichen möge.

DURANDUS. Ingleichen habe ich den guten Wunsch zu wiederholen / daß unser vornehmes COLLEGIUM nicht allein an seiner Person ein sonderbares Gefallen verspüren / sondern auch die Gelegenheit dergestalt erscheinen möchte / daß wir den Herrn allerseits mit Rath und That / und mit anderer guten Beförderung können an die Hand gehen. Gestalt ich ihn meines beharrlichen Wohlwollens / als ein Dienstwilligster Patron wil versichert haben.

PACIFONTIUS. CUM TITULIS PLENISSIMIS, meine Hochgeneigte Patronen und Beförderer / ich habe mit sonderbaren Freuden verstanden / wie daß meine Wenigkeit vor andern zu dem vornehmen Pickelherings-Ampte sey DESIGNIRET, VOCIret und beruffen worden. Und wie diese Beförderung in meinem Hertzen eine grosse Freude CAUSIret / verursachet und erwecket; also hab ich meine schuldige Danckbarkeit dagegen sollen bezeigen / DEMONSTRIren und erweisen / in Hoffnung sie werden mich jederzeit mit mächtiger Hand MANUTENIren / schützen und handhaben / und mir die Gelegenheit geben / daß ich ihr beständiger Diener heissen / COMMORIren und verbleiben möge.

DURANDUS. Die Rede war schön gesetzet. Machet euch in dessen auff einen rechten Habit gefasset / der Herr Einnehmer hier soll schon 2. Gülden aus der gemeinen Casse darzu bezahlen.

INTRA. Der Herr Gevatter gebe mir nur ein kleines Zettelchen / so wil ich schon sehen / wie zu helffen ist. Es ist zwar jetzo das dürre Viertel Jahr / aber auff euer Wort kan ich schon etwas thun / das ich sonst bleiben liesse.

Durandus und Intra gehen ab.

PACIFONTIUS. Ich hätte nicht vermeynet / daß mir das Glücke auff einmahl würde so günstig seyn / und daß ich ein Ampt / eine Frau und ein kostbares Ehrenkleid zusammen kriegen solte. Allein was werde ich vor einen Alamode Schneider ausforschen / der mir das Kleid nach einer köstlichen INVENTION verfertigen kan?

ACICULUS *kömmt.* Wer fragt nach einem Schneider?

PACIFONTIUS. Ich verlange einen Kunstreichen Meister.

ACICULUS. Wem mit der Kunst was gedienet ist / der trifft bey mir die Frantzösischen Moden am allerbesten an.

PACIFONTIUS. Hört Meister / könt ihr ein Pickelherings Kleid machen?

ACICULUS. Soll etwan der Herr unser Pickelhering werden?

PACIFONTIUS. Stille / stille / die VOCATION ist zwar schon geschrieben / aber ich darff noch nicht davon reden. Macht ihr nur ein Kleid.

ACICULUS. Seyd versichert in gantz Teutschland ist kein Meister der ihn beßer CONTENTIREN könte als ich. Denn ich habe einen Gesellen gleich diese Woche bekommen / der hat beym Könige in Franckreich helffen Comödien-Kleider machen / und der soll die neuste FACON von dergleichen Habit angeben: oder ist mir recht / so hat er gar eins bey sich. Er komme nur hinein und gebe mir einen Gülden drauff / damit soll er Morgen geputzt seyn als ein Frantzösischer Cammer-Comödiante.

Gehen ab.
Scibilis, Ziribiziribo.

SCIBILIS. SPIRITUS NEC CARNEM HABET NEC OSSA, der geistliche Herr PATER hat weder Schande noch Ehre.

ZIRIBIZIRIBO. Aber auff die Weise werde ich mit meiner Beförderung schlim bestehen.

SCIBILIS. TEMPUS EDAX RERUM. Die Zeit wirds geben. Unterdessen habe ich etliche kluge Anschläge schon fertig. Ich wil den Hirten zum Landschöppen gehen lassen / der soll sprechen / der Gerichts-Scholtze JUBILIRTE so trefflich / daß er ihm folgen müste / und wenn die VOCATION einmahl vollzogen wäre / solte er von dem versprochenen Gelde nicht einen Dreyheller zu gewarten haben: mitlerweile besinnt euch auff kluge Anschläge EX ARTE DITESCENDI, damit wollen wir bey dem Landschöppen grosse AFFECTION erwerben / daß die Brieffe wegen des Pickelherings anders lauten sollen.

Geht ab.

ZIRIBIZIRIBO. Mein zukünfftiger Herr Schwieger-Vater hat einen witzigen Kopff. Es ist schade / daß er nicht soll Reichs-Cantzler seyn. Ich aber muß nun auch sehen / daß ich meine Person wohl darbey spiele.

Geht ab.
Zodiacus, Durandus.

DURANDUS. Seyd ihr darbey gewest?

ZODIACUS. Ja ich bin darbey gewest / es gieng mir durchs Hertze / daß ich die höhnischen Reden solte anhören / ich weiß ja / daß der Herr Landschöppe sonst am meisten gilt / drumb wunderte ich mich / warumb sich der Gerichts-Scholtze eben so viel einbilden dürffte.

DURANDUS. Habt grossen Danck vor den Bericht: ich wil mirs hinter ein Ohre schreiben.

ZODIACUS. Herr Landschöppe / er ist meine Obrigkeit / wenn ich draussen auff der Viehweide bin / drumb hab ichs mit guten Gewissen nicht verschweigen können.

Geht ab.

78

DURANDUS. Ich bin gewiß mit meinen Gedancken über Feld gewest / daß mir der Gerichts-Scholtze so einen gefährlichen Eingriff in meine Gewalt gethan hat. Ich könte der Leute Spott werden / wenn ich stille darzu schwiege. Nein / nein / es soll noch anders darvon geredt werden / ehe die VOCATION gesiegelt wird / und ich wil gleich befehlen / daß der Einnehmer nicht einen Heller zum Kleide bezahlet.

Scibilis, Ziribiziribo.

SCIBILIS. Dem Herrn Landschöppen meine freundliche Dienste.

DURANDUS. Grossen Danck / Herr College. Was bringt ihr guts?

SCIBILIS. Ich komme nur wegen einer wichtigen Sache her / die der ehrliche Mensch da mir vertrauet hat: es soll in seinem Garten ein trefflicher Schatz vergraben seyn / und weil er gute Wissenschafft umb solche Sachen hat / wolte er das liebe Gut unter der Erde nicht weiter verschimmeln lassen.

DURANDUS. Wisset ihr gewiß / daß ein Schatz vergraben ist?

ZIRIBIZIRIBO. Wenn ich in meiner Kunst nicht bestünde / so wolt ich wenig Worte davon machen.

DURANDUS. Ich weiß wohl / meine grosse Magd hat immer vorgegeben / es solle in dem Garten so unheimlich seyn / ich dürffte bald nach dem Schatze graben lassen.

79

ZIRIBIZIRIBO. Wenn ich kein Gewissen hätte / so wäre ich die Nacht in den Graben gestiegen / und hätte den Vogel ausgenommen. Aber ich dencke: besser einen kleinen RECOMPENS mit Ehren / als einen Kessel voll Geld mit Sünde.

52

SCIBILIS. CONSCIENTIA MILLE TESTES. Ein gewissenhafftiger Mensch ist 1000. Rthlr. werth.

DURANDUS. Wie könte aber die Arbeit heimlich fortgesetzet werden? Denn ich fürchte / der Juncker würde sich auch mit in unsere Theilung begeben wollen.

SCIBILIS. CLAM ADSCISCIT ABLATIVUM. Wer den Schatz wegnehmen wil / der muß es heimlich thun.

DURANDUS. Ja / Herr CONSULENte / wie greifft man aber das Werck heimlich an?

SCIBILIS. Ich hielte davor / doch ohne Maßgebung / der Herr Landschöppe bemühte sich / daß der ehrliche Mensch Pickelhering würde: so könte man sprechen / er wolte sich im Garten auff seine zukünfftige PROFESSION EXERCIren / damit dürffte ihn niemand verstören. SECESSUM & OTIA QUÆRUNT, ein Pickelhering muß ein Stübchen alleine haben.

DURANDUS. Der Rath ist sehr gut / alleine ich kan dem Herrn Collegen nicht verhalten / die VOCATION ist schon einem andern ausgefertiget.

SCIBILIS. Ey ey / und ich habe nichts davon erfahren. QUIS MESSEM MISIT IN ALIENAM FALCEM? Wer hat die VOCATION geschrieben?

DURANDUS. Der Herr CONSULENTE ließ gleich seinen Schweinstall mit Schindeln decken / so wolten wir ihn mit so einer Arbeit nicht beschweren. Aber es ist mir leyd.

SCIBILIS. SERO SAPIUNT PHRYGES. Der Herr Landschöppe muß sich weisen lassen. Denn wie ist die Vocation eingericht?

DURANDUS. Auff eben das MODELL, wie des vorigen Pickelheringes.

SCIBILIS. Ich weiß / was wir thun. Der Gerichts-Scholtze giebt heute seinen Knechten die Haberkirms. Unterdessen wollen wir auff die Schubäncke gehen / und einen Schluß machen / der zukünfftige Pickelhering soll sich auff die Music verstehen / daß er in der Kirchen mit auffwarten kan. Ist nun Herr PACIFONTIUS nicht darzu geschickt / HABEAT SIBI.

DURANDUS. Ich bin zufrieden. Da habt ihr meine Hand / ihr solt Pickelhering seyn / und Herr CONSULENTE schreibet auff allen Fall die VOCATION. Wenn der Punct wegen der Music richtig ist / und der erste Cliente seine Person nicht PÆSENTIren kan / so heist es / in der VOCATION ist ein DEFECT, der muß verbessert werden. Damit ihr auch sehet / daß alles gewiß ist / so wil ich dem Herrn hiermit SOLENNITER im Nahmen unsers gantzen COLLEGII Glück gewüntschet haben / daß er bey unser löblichen Gemeine viel Zeit und Jahre dem wichtigen Ampte vorstehen / und den Ruhm dieses vornehmen Marckfleckens in der gantzen Welt ausbreiten möge.

SCIBILIS. Wir bedancken uns beyde gar freundlich und wüntschen dem Herrn Landschöppen MATHUSALÆ ANNOS, ARGI OCULOS, CROESI AURUM, CODRI REGNUM, das ist: Friede / Freude / Gnade / Segen und alle Wohlfahrt.

DURANDUS. Herr CONSULENT, ihr sollet bedanckt seyn; machet nur Anstalt wegen der Nachmittägichen Zusammenkunfft.

Geht ab.

SCIBILIS. PORTAM APERUIMUS AUREO MALLEO. Der Landschöppe hat sich mit einer güldenen Lügen vexieren lassen. Aber am Ende wird es heissen / PRO THESAURO CARBONES, der Schatz ist wieder versuncken.

ZIRIBIZIRIBO. Aber wenn ich nu den Schatz lieffern soll?

SCIBILIS. Unterdessen habt ihr das Ampt weg. EST AVIS IN DEXTRA, wer den Brieff einmahl in der Hand hat / der weicht nicht zurück. Wir sprechen die VOCATION wäre auff des Junckers Befehl ausgeantwortet.

ZIRIBIZIRIBO. Man macht sich doch die Leute nicht gerne zum Feinden.

SCIBILIS. Ich wil nur dem Hirten Wind darvon geben / der soll bey dem Herrn Pachtman ein Leben davon machen / daß uns der Juncker allen das Schatzgraben verbieten läst. Denckt indessen auff euer Ampt. VULPES FACILE PIRUM COMEST. Ein CONSULENte kan den Landschöppen leicht betrügen.

ZIRIBIZIRIBO. Nun bin ich wieder lustig!

Er singet ein Frantzösisch Liedgen und gehet hinein.

54

Vierdte Handlung

Eusebius, Politicus.

EUSEBIUS. Ach wer hätte sich eines solchen Unwesens auch unter gemeinen Personen versehen?

POLITICUS. Die einfältigen Leute sind nur einen Mantelkragen besser als die Bauren / und gleichwohl wissen sie die betrüglichen Stücke so künstlich anzuwenden / daß der MACHIAVELLUS selber neuer Klugheit von nöthen hätte / wenn er in einem geringen Marckflecken ohne Schaden und Verhinderniß wohnen solte.

EUSEBIUS. Aber ach! was solten wir von den Weltlichen Einwohnern gutes weissagen / solte man nicht bey dem allgewaltigen GOtt Rath und Hülffe suchen / ehe man sich umb ein irrdisches Glücke bekümmerte?

POLITICUS. Sie wollen einen Unterscheid suchen unter den Geistlichen und Weltlichen Glück. Aber hiemit wollen sie die göttliche PROVIDENZ eines grossen Stückes berauben. Solte derjenige nicht im Politischen Glücke die Oberhand führen / welcher die Fürsten ab- und einsetzt / und solte er nicht auff den geringsten Dörffern bey den Aemptern die Hand im Spiele haben /da auch kein unnützer Sperling wider seinen Willen auff die Erde fallen darff?

EUSEBIUS. Wie man die Aempter sucht / so werden sie auch geführt: Verlanget man des Göttlichen Beystandes im Anfang nicht / so wird sich niemand wundern / wenn der göttliche Segen im Fortgange etwas sparsamer zugemessen wird.

POLITICUS. Die Welt-Kinder verlachen den POLITICUM, der beten wil / aber wenn sie hernachmahls ihr Unglück beweinen müssen / so kömmt die Reue gemeiniglich zu späte.

EUSEBIUS. In einem Stücke habe ich mehr befunden als mir lieb ist; aber nun müssen wir doch erforschen / woher die geringen Leute von der Welt diese Boßheit gelernet haben.

POLITICUS. Vielleicht wird dieser unbekandter das unbekandte Werck bekand machen.

Rationalis kömmt.

RATIONALIS. Mein Diener APPETITUS ist mir aus dem Dienste entlauffen / und wenn ich meine Herrschafft bey ihm mit unterschiedenen Beweißgründen behaupten wil / so muß ich den ärgsten Spott von ihm einfressen. Ich befehle ihm / so wil er über mich herrschen. Ich rühre sein Gewissen / so wil er mich von der Gewalt herunter stossen. Ach / wie schlecht ist es mit einem Herren bewandt / dessen Knechte sich zu einen ewigen Ungehorsam vereiniget haben.

EUSEBIUS. Mein Freund / was vor ein Unglücke zwinget ihm diese Klage ab?

RATIONALIS. Ach gesegnet sey diese Stunde / da solche werthe Freunde in dieser Gegend ankommen. Hab ich nicht das Glücke / den EUSEBIUS und POLITICUS zu BENEVENTIren / mit denen ich vormahls im PARNASSO gute Freundschafft gepflogen habe?

POLITICUS. Mein Freund wolle sich nicht verwundern / daß wir an die alte Freundschaft müssen erinnert werden: Denn es scheinet / als wäre das Gesichte / und die übrige Gestalt in währender Zeit mercklich verändert worden.

RATIONALIS. Ich armer RATIONALIS habe von Anfang meiner Geburt die Herrschafft über den muthwilligen APPETITUS erlanget / allein jemehr derselbige meinen Geboten und Vermahnungen zu wider lebt / desto weniger kan ich meine vorige Gestalt und mein fröliches Angesicht behalten.

EUSEBIUS. Wir sind von dem Durchlauchtigsten APOLLO in einer wichtigen Angelegenheit ausgeschickt. Denn der MACHIAVELLUS ist von unterschiedlichen Personen verklaget worden / als wenn die gantze Welt durch ihn verkehret würde. Dieser aber hat sich auff die niedrigsten Leute von der Welt beruffen / welche den MACHIAVELLUM nie gesehen hätten / und dennoch in allen listigen Vorhaben ihre Boßheit beweisen könten. Da sollen wir nun die rechte Warheit einholen / und dem Durchlauchtigsten Richter vollkommene RELATION erstatten.

RATIONALIS. Der gute MACHIAVELLUS ist gewiß unschuldig; Aber mein verlauffener Knecht APPETITUS, nebenst 2. gemeinen Dirnen / STULTITIA, und CALLIDITAS, haben sich an einen Kerlen gehangen / ist mir recht / so heist er ANTIQUUS, und derselbe pfleget unter des MACHIAVELLI Person vielfältige MASQUERADEN zu spielen. Sie belieben mir zu folgen / so wird das Geheimnüß gar leicht entdecket werden.

Appetitus, Stultitia, Calliditas.

APPETITUS. Wer ein Narr wäre / der könte sich zu einem ewigen Knechte verschreiben. Ich armer APPETITUS habe nunmehr den hochmüthigen RATIONALIS lange genung über mich herrschen lassen / und da sonst ein geringer Bauer seinem Gesinde etwan ein Pfingstbier oder eine Licht-Ganß vergönnet / so hab ich an keine Süssigkeit gedencken können / davon mich dieser eigensinnige Kopff nicht verhindert hätte. Ich kan wohl sagen / daß die wilden Thiere bey ihren verächtlichen Zustande weit glückseliger sind / als ein Knecht / der einem solchen Sauertopffe zu Gebote stehen muß.

STULTITIA. Wer fragt darnach? Wer einen frölichen Muth hat / der bekümmert sich umb keinen Sauertopff.

CALLIDITAS. Und wer einen Weg zur Hinterthüre weiß / der bekümmert sich umb keinen Herren / der ein Schloß vor die Vorderthüre geleget hat.

STULTITIA. Wer wil die guten Stunden nicht mitnehmen? Es kömmt wohl eine Zeit / da man die Freude wider seinen Willen versäumen muß.

CALLIDITAS. Und wer wil seines Nutzens wegen ein geringes Schelmstückgen so groß auffmutzen?

STULTITIA. Sa / lustig! ein guter Tag / den ich geniesse / ist besser als 10. schlimme Tage / die ich erwarten soll.

CALLIDITAS. Man muß sich vor dem bösen Tage wohl fürchten! Aber der ist ein Narr / der sich von der gegenwärtigen Wollust abtreiben läst.

APPETITUS. Wo muß aber unser Herr MACHIAVELLUS seyn / welcher das COMMANDO in unser schönen COMPAGNIE führen soll?

STULTITIA. Er wird mir gewiß Schellen zu einem Halßbande kauffen.

CALLIDITAS. Und mir ein Glaß zum PERSPECTIVE.

Antiquus kömmt.

ANTIQUUS. Sieh da / ihr lieben Kindergen / treff ich euch an diesem Orte beysammen an? Wollen wir bald unser Regiment in eine richtige Form bringen?

APPETITUS. Ich bin zufrieden / das Regiment ist mir am liebsten / da ich nach meiner Lust und nach meinen Willen leben kan.

STULTITIA. Und ich bin also gesinnet. Wenn ein Herr klüger wil seyn / als ich / so bin ich gerne weit davon.

CALLIDITAS. Und ich bin mit dem Regiment am besten zufrieden / da man die freye Ober- und Unterjagt / das ist / die Betrügerey gegen hohe und niedrige gebrauchen kan.

ANTIQUUS. Nur bleibet einig / daß RATIONALIS nimmermehr in seinen vorigen Standt gesetzet wird. Er ist von Person trefflich klein / warum soll ich ihm mit meiner grossen Statur nachgeben? Und warumb wolte jemand mein Regiment verachten / da ich alle Gesetze in diesem kurtzen Innhalt begreiffe: Thu / was du wilst; Suche / was dir gefällt; Iß / was dir schmeckt; Verfolge / was dir zu wider ist / und bekümmere dich umb keinen Schaden / wodurch dein Nutzen nicht verstöret wird. O was vor einen ewigen Ruhm hätte SOLON verdienet / wenn er die Athenienser mit solchen Gesetzen erfreuet hätte!

Eusebius, Politicus [kommen].   87

EUSEBIUS. Ha / du Welt-Betrüger / bistu der Unglücks-Vogel / der die Menschen-Kinder so weit von dem Himmel absondert? Ich CITIRE dich hiermit in den PARNASSUM, allwo deine Bubenstücke vor dem Durchlauchtigsten APOLLO sollen gerichtet werden.

ANTIQUUS. Was geht mich der Richter-Stuhl an / dahin ich nicht geschworen habe? APOLLO mag seine Semmeln und Butter-Pretzeln in allen Frieden verzehren; Aber ich wil erweisen / daß ihm zu Trotze noch ein ander PARNASSUS soll erbauet werden. COM-MANDIret er über die Tugendhafften / so wil ich die Lasterhafften unter meinen Schutz nehmen / und wir wollen sehen / wer den meisten Anhang / die beste Freude und das lustigste Leben davon bringen wird.

POLITICUS. Ich wil den Tag erleben / da der Durchlauchtigste APOLLO dein verdammtes Reich zerstören wird. Wir kennen deinen Nahmen / und es sollen solche Personen über dich geschicket werden / gegen welche dein Trotz wie Staub und Spreu vor dem Winde dahin fahren soll.

Geht ab.

APPETITUS. So können wir nicht mit Frieden bleiben. EUSEBIUS und POLITICUS müssen viel Zeit übrig haben / daß sie nach frembden Zeitungen in dem Lande können herum gehen.

STULTITIA. Dessentwegen kein Bein entzwey: Es donnert nicht allemahl / wenn es Wetterleucht.

CALLIDITAS. Wenn die Noth an Mann geht / so borg ich dem POLITICO einen Mantel ab / und verdinge mich zu dem EUSEBIO in Dienste.

ANTIQUUS. Diese Rede war schon zu kleinmüthig / last uns die EXTREMITtät erwarten / wir müssen einmahl erfahren / ob APOLLO so viel über uns gebieten kan.

Fünffte Handlung.

Zodiacus kömmt heraus und hat sein Horn.

[ZODIACUS.] Es ist zuviel / daß ich zugleich Hirte und Stundenruffer seyn muß: drum habe ich die Sache so weit gemittelt / daß ich jetzo nur den Morgen abblase. In der Nacht / wenn die Leute schlaffen / ist ihnen mit den Stunden nicht viel gedienet: doch wie sieht der Himmel schon so helle? Hui / daß ich zwey Stunden zu lange geschlaffen habe! Ich muß zu der Sache thun.

Er bläset ins Horn / hernach singet er:

Der Tag vertreibt die finstere Nacht /
Ihr Männer und Weiber seyd munder und wacht /
Alle Dinge währen eine Weile.

Nescio kömmt.

ZODIACUS. Nun die Arbeit wäre wieder verricht.

NESCIO. Guten Morgen / Gevatter / blaset ihr den Tag erst aus?

ZODIACUS. Ey was soll ich den Tag aus meinen finstern Horne blasen / er kömmt wohl von sich selber.

NESCIO. Ihr seyd vexierlich. Doch warumb zerlästert ihr das schöne Lied / und singet: Alle Dinge währen eine Weile?

ZODIACUS. Sihe da / Ehrwürdiger Herr Bettelvoigt / bekümmert ihr euch umb die Lieder: O last mich singen / habe ich doch eure Hundekarbatsche noch nicht getadelt.

NESCIO. Nun / nun / seyd nicht böse / es war gut gemeynt.

ZODIACUS. Daß ihr doch die Ursache wisset / so war ich vor 26. Jahren zu Rumpelshausen Richter: in einen Jahre ward ich abgesetzt / und muste bey einem Schalmeyer den andern DISCANT blasen: Weiter kam ich auff Zippel-Opesitz/ und ward auff dem Vorwerge Hoffmeister: endlich solte ich zu Bettelsheim Bürgermeister werden / wenn wir nicht zu meinen Unglück hätten eine Glocke giessen lassen. Denn da mir am Metall zehn Centner fehlten / so muste ich hieher auff Querlequitsch zum Hirten- Ampte: drumb wenn ich an meine vorige Ehre gedencke / so heist es freylich: Alle Dinge währen eine Weile.

NESCIO. So gehts / je grösser Ehre / desto grössere Gefahr.

ZODIACUS. Ich habe nicht Zeit zu warten: Mein Vieh läufft mir nicht so gehorsam nach / wie euch die Bettel-Leute.

Geht ab.

NESCIO. Es hat sich wohl gehorsamt: Das Bettel- Volck wird in den letzten Zeiten so böse / daß ich mir [mit?] alle Spenden und Austheilungen drey Tage vor [von?] meinem Leben wegzürnen muß.

Geht ab.

CIACONI *kömmt.* Ist die Welt nicht betrüglich! der Pickelherings-Dienst ward mir versprochen / und ich habe michs allbereit ein ehrliches kosten lassen! Gleichwohl habe ich nun einen Quarg in der andern Handt. Jemehr auch meine Gedancken mit sich selber zu Rathe gehen / destoweniger bin ich geschickt etwas zu erfinden.

'Quoniam kömmt mit dem Korbe und mit dem Glöckgen.

CIACONI. Was klingelt ihr?

QUONIAM. Herr Geld oder Brodt.

CIACONI. Mir fehlet beydes. Aber wem wirds gesamlet?

QUONIAM. Den armen Leuten / und etlichen Bedienten.

CIACONI. Was vor Bedienten?

QUONIAM. Die armen Leute kriegen das Brod / und von dem Gelde hat die Hebamme / der Thorwärter und der Stundenruffer seine Besoldung.

CIACONI. Da habt ihr doch was in die Büchse / aber klingelt mir auch eins zu Ehren.

Quoniam klingelt.

QUONIAM. Herr / das geschah ihm zu Ehren.

CIACONI. Die Ehre gibt mir schlechten Trost / in meinem Elende.

QUONIAM. Was hat der Herr vor Elend?

CIACONI. Ihr könt mir doch nicht helffen.

QUONIAM. Manchmal können auch gemeine Leute was gutes rathen. Last mich nur euer Anliegen wissen. Denn ob ich gleich jetzt ein Klingelman bin / so bin ich auff den Schuhbäncken auch Thürknecht / und wenn ich bißweilen auskehre / so stäubt mir manche Weißheit in Hals / die unsere Herren verzettelt haben.

CIACONI. Ich hatte von dem Herrn Landschöppen / ingleichen von dem Herrn CONSULENten gewisse Vertröstung / daß ich solte Pickelhering werden: Aber nun gehet mir alles zurücke / daß ich vor Hertzeleyd nicht weiß / was ich anfangen soll.

QUONIAM. Die lieben Herren machen es also. Wer ein Narr ist / und sperrt das Maul auff / der muß sich ein Säfftgen nach den andern lassen einstreichen / biß er das Reissen im Leibe und einen ledigen Beutel zu Lohne hat.

CIACONI. Mit dieser Klage wird mir nicht geholffen.

QUONIAM. Versucht es doch mit unsern Herrn Pachtman auf des Junckers Vorwerge / der solte dem Landschöppen und den CONSULENten schon ein Höltzgen stecken.

CIACONI. Es möchte was helffen / wenn ich mit dem vornehmen Manne bekandt wäre.

QUONIAM. Da ist leichte hinzukommen. Er ist ein trefflicher Liebhaber von Narrenpossen. Geht nur hin / und schwatzt ihm allerhand lose Händel vor / ich weiß / er behält euch bey Tische / und macht euch zum Pickelhering auff seinem Vorwerge.

CIACONI. An Possen soll es nicht fehlen / wenn ich dadurch zu meiner Wohlfarth gelangen kan.

QUONIAM. Aber ihr müst feine grobe Sau-Zotten mit untermengen. Denn wer mit der Sau-Glocke nicht läuten kan / der hat sich in seinem Hause keiner Kanne Bier zu getrösten.

CIACONI. Ich wil meinen Mann in diesem Stücke schon PRÆSENTI-ren.

QUONIAM. Nun guten Tag. Viel Glücks zu euren garstigen Reden / daß ihr ein schönes Aemtgen erwerbet.

Geht ab.

CIACONI. Sind das nicht possierliche Händel / daß ich mein Brodt mit garstigen Possen verdienen muß? Ja wohl muß man alles versuchen / ehe man ein gewisses Ruhplätzgen antrifft / und ich werde auff gut Glücke ein paar Kännchen Bier verschlucken / daß mir die losen Händel desto besser einfallen.

Geht ab.
Pacifontius, Quantitas.

PACIFONTIUS. Mein Kind / wird sie der Frau Mutter Lehre bald gewohnen?

QUANTITAS. Die Mutter spricht / ich soll euch lieb haben / und ich weiß nicht / was das vor ein Ding ist.

PACIFONTIUS. Ich wil ihr alles mit kurtzen Worten geben. Sie muß ihr Hertze mit mir theilen.

QUANTITAS. Warumb nicht den Magen und die Plautze auch? Ich lasse mich nicht zuschneiden.

PACIFONTIUS. Ein solcher Schnitt kan ohne Blut verrichtet werden: sie darff das Messer ihrer Höffligkeit brauchen / damit ist das Hertze getheilet.

QUANTITAS. Im Hofe haben wir kein Messer / wir haben eine Mistgabel / und ein Grabscheidt / damit laß ich mein Hertze nicht entzwey stossen.

PACIFONTIUS. Ich muß noch deutlicher reden. Sie soll mich mit Liebes-Augen werffen.

QUANTITAS. Ich dürffte 2. Augen wegschmeissen / so wäre ich gar blind.

PACIFONTIUS. Man kan die Augen wegwerffen und zugleich behalten.

QUANTITAS. Ich müste sie gewiß an einen Zwirnsfaden binden / daß man sie könte zurücke ziehen.

PACIFONTIUS. Meine treue Beständigkeit soll ihr an statt des Zwirnsfadens dienen.

QUANTITAS. Ich dachte an statt eines Strohseiles.

PACIFONTIUS. Ich bin recht unglücklich / daß mich die Liebste nicht verstehen wil. Sie soll mich zu ihrem Diener annehmen.

QUANTITAS. Wir haben Knechte genung. Und was wären denn solche Diener nütze? auff einen Mistwagen seyd ihr zu kurtz / und auff einen Karrn zu lang.

PACIFONTIUS. So wil ich recht offenhertzig heraus gehen. Ihr solt meine Haußwirthin werden.

QUANTITAS. Baut doch zuvor ein Hauß / und fragt darnach / ob mirs besser gefällt als bey der Mutter.

Ziribiziribo bringt Risibilis an der Hand geführt und singt ein Liedgen.

PACIFONTIUS. Was kömmt hier vor ein Paar spatzieret?

ZIRIBIZIRIBO. SERVITEUR mein Herr / wie steht es umb ein gut Leben?

PACIFONTIUS. Gar wohl. Wer die Liebste an der Seite führt / der läst sichs nicht übel gehen.

ZIRIBIZIRIBO. Ich erfahre es an meinen Exempel. Wenn der Herr so vergnügt ist als ich / so leben auff der Welt 2. vergnügte Personen.

RISIBILIS. Ja / wo der Herr seine Vergnügung nach dem Gewichte kriegt / so ist er umb einen Centner glückseliger als wir.

PACIFONTIUS. Höre doch / mein Schatz / es verdreust die Jungfer / daß sie nicht so dicke worden ist / wie du.

RISIBILIS. Ach nein / es verlohnte sich der Müh.

PACIFONTIUS. Jungfer / ihr seyd etwas höhnisch / und ich bins nicht gewohnt / daß ich viel vertrage.

RISIBILIS. Die Angst-Läuse werden gewiß dem Herrn im Futterhembde sitzen / daß er so unleidlich ist.

PACIFONTIUS. Ich weiß nichts darvon / sie müste mir denn jetzund was zuschantzen.

RISIBILIS. Ach schade umb unsers Scholtzens Tochter / daß so ein Bauer bey ihr schlaffen soll.

PACIFONTIUS. Schade umb unsern Schulmeister / daß seine Tochter von den Zigäunern ist ausgetauschet worden.

RISIBILIS. Du Quacksalber / siehstu mich nicht vor voll an / du darffst mir nicht viel / so räuff ich dir die Haare aus dem Kopffe.

QUANTITAS. Du Hundefell / komm her / und vergreiff dich an den vornehmen Manne.

RISIBILIS. Ey / hört doch ihr Schultzens Magd / wenn euch die Reden verdriessen / so steigt auff die Schuhbäncke / und fallt mir von oben auf den Halß.

QUANTITAS. Je du kleines Kofent Krügelgen / ich wil dich mit einen Finger entzwey drücken.

RISIBILIS. Du ungeschicktes Thier / geh und laß dir ein paar Reiffen umb den Leib legen / der Hencker möchte dich einmahl vor ein Schrotfaß gebrauchen wollen.

ZIRIBIZIRIBO. MONSIEUR, last euer Jungfer stillschweigen / oder ich nehme mich meiner Liebsten an.

QUANTITAS. Du verlauffner Scherschlip / ich weiß wohl / daß du dem vornehmen Manne da zu Schaden rumbgehest. Es stünde dir besser an / du zögest auff den Märckten herumb / und trügest Hecheln / Ratten und Mäusepulver in die Häuser.

ZIRIBIZIRIBO. Du ungeschickte Ratte / wo wolte ich eine Falle herkriegen / da so ein tolpisches Rabenaß drinn Raum hätte? 97

QUANTITAS. Was? bin ich eine Ratte? du magst wohl ein Schelme seyn.

Sie fallen über einander her / und schlagen einander.
Purus Putus und Scibilis kommen heraus gelauffen und bringen
sie von einander.

SCIBILIS. ALIQUID MALI PROPTER VICINUM MALUM, das ist ein schön Collegen-Stückgen / daß die Meinigen von euren Kindern lauter Ungelegenheit ausstehen müssen.

PURUS PUTUS. Wir müssen nach der Ursache fragen. Ihr bösen Kinder / was fangt ihr vor Händel an?

SCIBILIS. Mein liebes Töchtergen / ists nicht wahr / sie haben dir Ursache dazu geben? HIC EST EQUUS TROJANUS, in dieser grossen Magd steckt viel böses.

PACIFONTIUS. Herr CONSULENT, ich kan auch Lateinisch reden / TUA PANDORA HABET PYXIN, an euer Tochter ist auch nicht viel gutes.

SCIBILIS. SUS MINERVAM. Wilstu mit einem CONSULENten reden?

PACIFONTIUS. Ey wenn ihr euch mit euer ERUDITION so viel wisset / sagt mir doch / was heist TITIVILLITIUM auff teutsch! Heist es nicht irgend einen unnützen CONSULENten / den man auff den Schubäncken wohl entrathen könte?

SCIBILIS. Du elender Kerle / laß dich mit so schweren Lateine unverwirret / sage mir / was heist SCARABEI UMBRA?

PACIFONTIUS. Es heist eine Kühblume / damit ich dem Herren CONSULENten sein Lateinisch PHRASES Buch versiegeln wolte.

SCIBILIS. Ihr lieben Kinder / verwirrt euch nicht mit dem Lumpenpacke / OLIM MEMINISSE JUVABIT, ich wils ihnen wohl gedencken. DII LANEOS HABENT PEDES, die Gelehrten können ihren Feinden eine Zeche borgen.

Gehet ab.

PACIFONTIUS. Du Lumpen-Kerle / warumb wartstu nicht / biß meine Schwiegermuttter heraus kömmt?

PURUS PUTUS. Ihr lieben Kinder / gebt euch zufrieden / wir sind EXEMPLARIsche Leute / es steht uns übel an / wenn andere ein böses Exempel von uns nehmen.

PACIFONTIUS. Gleichwohl hat meine Liebste die Ohrfeigen davon kriegt.

PURUS PUTUS. Nun nun / gebt euch zu frieden / es ist schon gut / wir wollen auff Mittel dencken / wie den bösen Leuten soll begegnet werden.

QUANTITAS. Meine Mutter soll sich nicht lange bedencken / sie wird einmahl dem lumpichten Partitenmacher eine Mistgabel in den Peltz stechen / und wenn er drey Löcher davon bekommen solte.

PURUS PUTUS. So geht nur von der Gasse weg / daß die Leute unser ärgerliches Gezäncke nicht gewahr werden.

Accusativus, Vocativus, Ciaconi.

ACCUSATIVUS. In Wahrheit / ich habe gelacht / daß mir der Bauch zerbersten möchte.

VOCATIVUS. Ich lasse den guten Menschen nicht / und wenn ich ihm freyen Tisch geben solte. Seyd ihr mit der CONDITION zufrieden?

CIACONI. Ich werde die heutigen Tractamenten keinmahl ausschlagen.

ACCUSATIVUS. Aber / ist keine bessere Gelegenheit vorhanden / da man den ehrlichen Kerlen könte zu dem Ehstande befördern?

VOCATIVUS. Mein Herr Verwalter / es wäre wohl etwas / der Pickelherings-Dienst ist meines Wissens noch VACANT, wenn die Herren auff ihren Schuhbäncken die gemeine Wolfahrt nur etwan besser in acht nehmen wolten.

ACCUSATIVUS. Da wollen wir bald Rath schaffen. Denn ich weiß / daß sich kein Mensch besser schickt; Drum werden sie Schande halben einer untüchtigen Person kein Dienst verschreiben.

VOCATIVUS. Aber die Herren haben etwas wunderliche Köpffe.

CIACONI. Und der Gerichts-Scholtze hat ein Murmelthier im Hause / das wil er durch die Beförderung gerne loß werden.

ACCUSATIVUS. Es hat gute Wege: ich weiß ein Kunststücke / darüber sie gar anders sollen pfeiffen lernen. Herr Pachtman / er gehe nur mit seinen zukünfftigen Tischpurschen hinein / ich wil Gelegenheit suchen / daß ich die Herren PATRES auff andre Gedancken bringe.

Vocativus und Ciaconi gehen ab.

ACCUSATIVUS. Ich wolte / man könte die guten Leutgen an einen Orte beysammen antreffen: denn so verdrießlich meine COMMIS-SION ist / welche der Juncker an sie ergehen läst / so furchtsam werden sie meinen Vorschlag wegen des Pickelherings annehmen.

Purus Putus, Durandus, Scibilis.

PURUS PUTUS. Was geschrieben ist / daß wird Niemand umbstossen.

SCIBILIS. Ach nein. PER TOT DISCRIMINA RERUM, es ist ein grosser Unterscheid / ob der CONSULENT was schreibt / oder ob ein ander was hinschmiert / mit dem es heist: ASINUS AD LYRAM.

DURANDUS. Und es kömmt eine Ursache darzu wegen der Music / die hätte sollen besser bedacht werden.

PURUS PUTUS. Mein Eydam weicht nicht.

DURANDUS. Des Herrn CONSULENten sein Eydam ist auch kein Narr: kan euer Sohn einen Pantzer anziehen / so zeucht dieser einen Harnisch an.

ACCUSATIVUS. Ihr Herren / was habt ihr vor ein freundlich Gespräch / es wird gewiß die Lands- Nothdurfft betreffen.

PURUS PUTUS. Herr Verwalter / Herr Amtman / Herr Gevatter / es ist nichts anders / als er sagt.

ACCUSATIVUS. So komm ich recht zu gelegner Zeit: denn ich habe wegen meines gestrengen Junckers etwas wichtiges vorzutragen.

PURUS PUTUS. Herr CONSULENT, darauff müst ihr antworten.

SCIBILIS. CUM NEMINI OBTRUDI POTEST, ITUR AD ME. Wenn der Gerichts-Scholtze nicht antworten kan / so kömmt die Reihe an den CONSULENTEN. Doch mein Herr Verwalter / Herr Amptman wir wollen mit unterthänigen Gehorsam erwarten / was wird vorgetragen werden.

ACCUSATIVUS. Ihr werdet wissen / daß die Gemeine zu Querlequitsch vier grosse Wiesen vor der Kuttel-Pforte viel Jahr nach einander besessen hat / und daß mein gestrenger Juncker wegen eines darauf hafftenden Capitals Jährlich 12. Rthlr. davon hat empfangen sollen.

SCIBILIS. QUASI È TRIPODE DICTUM. Es ist wahr / wir 3. Leute hier bekennen es.

ACCUSATIVUS. Aber wie habt ihr auff euren Schuhbäncken Hauß gehalten / daß die Zinsen über 12. Jahr nicht sind abgeführt worden?

SCIBILIS. MEMORIA HOMINUM EST LABILIS, der Herr besinne sich nur / wir sind nicht ein Jahr schuldig.

ACCUSATIVUS. Ich finde nichts in meinen Büchern.

SCIBILIS. PERDITE VIXI, das rechte Blat wird aus dem Buche verlohren seyn.

ACCUSATIVUS. Wolt ihr des Junckers ARCHIV tadeln / und sollen seine Bücher nicht vollkommen seyn?

SCIBILIS. RERUM TESTIMONIA ADSUNT, wir haben unsere Quittung.

ACCUSATIVUS. Wenn ich die Quittungen sehe / so wil ich mich weisen lassen / nur macht mir keine schlimme Possen / und bringt mir falsche Brieffe.

SCIBILIS. ALIENUS Â LITERIS. Wir haben keine Brieffe: die Quittungen bestehen in Kerbhöltzern. Denn der vorige Pachtmann konte nicht schreiben / drumb liessen wir auff Treu und Glauben die Kerbhöltzer an statt der Quittung PASSIren.

ACCUSATIVUS. Ihr Leute / damit sind wir nicht zufrieden / darüber hätte des gestrengen Junckers Meynung sollen vernommen werden. Schafft das Geld / oder eure Wiesen / Aecker / Garten und Weinberge sollen CONFISCIRT werden.

PURUS PUTUS. Der vorige Pachtman solls gestehen / daß unsere höltzerne Quittungen recht sind.

ACCUSATIVUS. Aber es wird bey mir beruhen / ob ich mit den Zeugnüß zufrieden bin. Wiewohl jetzo muß ich was darzwischen reden: ich höre in eurem COLLEGIO gehen artige Stückgen vor wegen des zukünfftigen Pickelherings: Drumb habe ich von der Obrigkeit Befehl der Sache nachzuforschen / damit alles Unwesen zu guter Zeit möchte abgethan / und das liebe Vaterland vor aller bösen Nachrede befreyet werden.

PURUS PUTUS. Herr Verwalter / Herr Amptman / die VOCATION ist schon geschrieben.

DURANDUS. Aber wir haben sie noch nicht angenommen / der künfftige Pickelhering muß MUSICIren können.

PURUS PUTUS. Ich weiche nicht / und wenn ichs thun wolte / so würde meine Frau nicht zufrieden seyn.

DURANDUS. Eure Frau hat im Kühstalle zu thun / sie darff unser COLLEGIUM nicht REFORMIren.

SCIBILIS. ALTERIUS NON SIT, QUI SUUS ESSE POTEST. Wer einen Schweinstall zu versorgen hat / der bekümmere sich nicht umb andre Sachen.

ACCUSATIVUS. Ey was wil aus diesen Zancke werden? Hiermit soll euch im Nahmen der Obrigkeit aufferlegt seyn / daß ihr eure CLIENTEN fahren laßt / und umb besser Einigkeit willen des Herrn Pachtmans Tischpursche als einen Drittemann er wählet.

PURUS PUTUS. Herr Gevatter unsre PRIVILEGIA lauten anders.

ACCUSATIVUS. Was hastu mir vorzuwerffen? bin ich dein Gevatter / so bin ich deines Junckers Amptman: und ich schwere dir / wirstu oder ein ander was dazwischen drehen / so soll euer Vieh auff der Weide nicht sicher seyn. Bedenckt euch wohl: wer seinem Kopffe folgen wil / der mag sein Leiden davor haben.

Geht ab.

PURUS PUTUS. Ihr Herrn Collegen / wie gefiel euch dieser Knall?

SCIBILIS. VAPULAT PECULIUM. Wir kommen umb unsre PRIVILEGIA.

DURANDUS. Wir dürffen uns nicht wiedersetzen / und gleichwohl ist die Nuß etwas hart.

PURUS PUTUS. Ich weiß was wir thun: es wird uns Geld abgefodert / das wir nicht schuldig seyn / so wollen wir sprechen / die Casse vermöchte nicht so viel / daß wir einen Pickelhering besolden könten / und in währender Zeit solte einer aus unsern COLLEGIO nach dem andern die Stelle vertreten.

SCIBILIS. SÆPE ETIAM EST OLITOR VALDE OPPORTUNA LOCUTUS, der Gericht-Scholtze bringet seinen Rath zu bequemer Zeit.

DURANDUS. Ich kans nicht verbessern / doch der Punct muß dem gantzen COLLEGIO vorgetragen werden.

Purus Putus und Scibilis gehen ab.

DURANDUS. Es ist mir bange bey meinen Schatzgräber / wo seine Beförderung zu nichte wird: denn wo er sieht / was der Verwalter vor Macht hat / so wird ihm der Patron besser gefallen. Also ists ein elend und jämmerlich Ding ümb einen POLITICUM.

Geht ab.
Purus Putus, Substantia, Pacifontius.

SUBSTANTIA. Ich wolte mich ja verantworten: der Kerl kan viel sprechen / wer weiß / ob des Junckers Willen darbey ist.

PACIFONTIUS. Ach ich elender Mensch / ich bin verdorben / 20. Rthl. wären mir lieber als dieser Schimpff.

PURUS PUTUS. Nicht so furchtsam / nicht so furchtsam: ich gab den Vorschlag / einer ümb den andern solte Pickelherings-Stelle vertreten: aber last es nur dahin kommen / so wollen wir unsern Herrn PACIFONTIUS in das COLLEGIUM nehmen / und ihm die Pickelherings-Besoldung heimlich oder öffentlich zuschantzen.

SUBSTANTIA. An Gedancken und gespannten Tuche geht viel ab: ich muß einen bessern Weg versuchen. Der Herr Verwalter ist gleichwohl mein Gevatter.

PURUS PUTUS. Das wird nichts helffen.

SUBSTANTIA. Herr Sohn / geht doch ein bißgen zu der Tochter hinein und seht / was sie macht.

PACIFONTIUS. Gar gern / Frau Mutter.

Geht ab.

SUBSTANTIA. Der Kerl darff meinen Anschlag nicht wissen: den seht der Verwalter wird sich schwerlich weisen lassen / und so müst unser Kind entweder sitzen bleiben / oder wir kriegten einen Müssiggänger ins Hauß / den wir ernehren müsten. Ich wil hingehen und wil bitten / wenn des Pachtmanns Tischpursche ja solte Pickelhering werden / so möchten sie doch meine Tochter mit eindingen.

PURUS PUTUS. So würde aber der gute PACIFONTIUS betrogen.

SUBSTANTIA. Es ist besser / wir betrügen einen frembden Kerlen / als daß wir unsre Tochter verwahrlosen: last ihr mich nur machen / es soll schon auff einen guten Ort gebracht werden.

PURUS PUTUS. Seht euch vor / läufft es auff einen Schimpff hinaus / so wil ich kein Theil haben.

Gehen ab.
Ziribiziribo, Scibilis.

ZIRIBIZIRIBO. Ich wolte / der Hencker holte die Heyrath / wenn ich so betrogen werde.

SCIBILIS. CONNUBIA SUNT FATUALIA, Das Glücke stifft die Heyrath.

ZIRIBIZIRIBO. Aber was kan ich hoffen als Unglück?

SCIBILIS. PERFER & OBDURA, Schweigt still und verlast euch auff euren Schwiegervater.

ZIRIBIZIRIBO. Der Dienst ist verlohren / was soll ich mich verlassen?

SCIBILIS. Ich sage es noch einmahl / BELLA GERANT FORTES, TU PARI SEMPER AMA, ich wil mich schon zancken / kömmt ihr mit euer Braut zu rechte.

ZIRIBIZIRIBO. Es wird mir sehr leichte gemacht / aber ich fürchte!

SCIBILIS. VERITAS IN PUTEO. Mein Anschlag ist noch verborgen. Sprecht / der CONSULENTE ist der leibhafftige SIMPLICISSIMUS, wo euch jemand den Pickelherings-Dienst nehmen soll. ODERINT, DUM METUANT. Der Gerichts-Scholtze mag böse werden / wenn ihr nur den Dienst habt.

ZIRIBIZIRIBO. Ich wil mich bey der Nase rumführen lassen / biß daß Ammt vergeben ist.

Gehen ab.
Accusativus, Substantia.

SUBSTANTIA. Ey Herr Verwalter / Herr Amptmann / Herr Gevatter / ihr seyd so ein niedlicher Herr thut mirs immer zu gefallen / und wenn ja des Herrn Pachtmanns Tischgänger zu dem Dienste kommen soll / so dingt immer meine Tochter mit ein.

ACCUSATIVUS. Mein liebes Weibgen / die Bitte ist etwas nachdencklich. Wer weiß / ob die Personen einander begehren.

SUBSTANTIA. Herr Gevatter / mit meiner Tochter solls kein Bedencken haben / ich bin gut dafür. Nun wird sich der andere Herr auch nicht wehren / wenn ihm die Braut zu dem Dienste geschlagen wird. Ach mein liebes Hertzgen / wir haben ja wohl eher einander ein bißgen lieb gehabt: solte denn die alte Bekandtschafft nicht so viel werth seyn?

ACCUSATIVUS. Ich zweiffele nur dran / daß mir so ein schweres Werck möglich ist.

SUBSTANTIA. Solchen Herrn ist alles möglich. Thut nur euer bestes: Ich wil auch euer Liebsten ein Ferckel und noch was von schönen Feder-Vieh in die Küche spendiren.

ACCUSATIVUS *schlägt sie auff den Backen.* Du loses Weibgen / du kanst einem das Hertze brechen: geh doch hin / und sprich / deine Tochter soll mit eingedinget werden.

SUBSTANTIA. Ach grossen Danck / Hochgeehrter Herr Gevatter / er soll diese Wolthat umb unsere Armuth stets zu geniessen haben.

ACCUSATIVUS. Alte Liebe rostet nicht. Was ich thue / das geschiehet IN RESPECT einer Sache / die euch besser bekant ist / als dem Gerichts-Scholtzen.

Geht ab.

SUBSTANTIA. Es ist doch jungen Leuten nicht zu verdencken / wenn sie bißweilen mit ihren COURTISAN ein Gängelgen gehen. Denn hätte mich der Herr Verwalter nicht lieb gehabt / ey wie schöne wäre meine Tochter hinter dem Glücke hingangen.

Pacifontius und Quantitas kommen.

PACIFONTIUS. Meine Gebieterin wolle mit in den Garten folgen.

QUANTITAS. Was soll ich in dem Garten machen? Soll ich Petersilge holen?

PACIFONTIUS. Nein. Sie soll mit mir umbgehen wie eine Braut mit ihrem liebsten Bräutigam.

SUBSTANTIA. Nun / ihr Hertzgen / macht euch fein bekand / daß die Leute was zu reden kriegen.

PACIFONTIUS. Frau Mutter / wir haben dieses gute Macht.

SUBSTANTIA. Wer hat euch die Macht gegeben? Tochter / gehe mir in das Hauß / und suche die Melckgelte davor.

QUANTITAS. Ich bin wohl zufrieden / wenn ich den Kerlen gar nicht kriegen solte.

Geht ab.

PACIFONTIUS. Meine Zusage wird mir gehalten werden.

SUBSTANTIA. Ach pralt nicht zuviel mit euer Zusage. Ihr solt wissen / daß die Sache noch gar in weiten Felde steht. Sagt vor / wie unser Kind soll ernehret werden: darnach geht öffentlich mit ihr spatzieren. 109

PACIFONTIUS. Ich soll ja Pickelhering werden.

SUBSTANTIA. Ach / ihr elender Fantast / wäret ihr ein rechtschaffener Kerle / so müste euch die Frau nicht zum Manne machen. O lernt vor was / und last das Weibernehmen noch 10. Jahr anstehen. Und hiermit wisset ihr meine Gedancken: Treffe ich euch bey der Tochter an / so wil ich keine ehrliche Gerichts-Scholtzin seyn / wo euch nicht ein alter Milchtopff nach dem Kopffe fliegen soll.

Geht ab.

PACIFONTIUS. Die Welt ist betrüglich. Aber / wer weiß / wer den andern den besten Vortheil abgewinnt. Der Gerichts-Scholtze hat mir etliche geheime Stückgen vertraut. Er hat auch auff die Leute prave geschmäht / wil er nicht verrathen werden / so wird es heissen: Herr Gerichts-Scholtze bekehre dich / und halte mir die Zusage.

Geht ab.
Purus Putus, Durandus, Scibilis, Excipe.

PURUS PUTUS. Ihr Herren / eine schwere Sache.

SCIBILIS. ELEMENTA IN SUO LOCO NON GRAVITANT. Auff den Schuhbäncken soll uns nichts zu schwer seyn.

DURANDUS. Wir wollen doch die Zeitung hören.

PURUS PUTUS. Der Officirer ist wieder kommen / dem die EXECUTION wegen der alten Reste auffgetragen ist.

EXCIPE. Schafft das Geld zusammen / so ist dem Wercke gerathen. 110

PURUS PUTUS. Meine Gedancken gehen etwas weiter. Der vornehme Officirer soll gleichwohl im Nahmen unsers COLLEGII COMPLI-MENTIRET und mit dem gewöhnlichen Bier und Brantewein RE-GALIRET werden. Wer führet nun das Wort / da kein Pickelhering fertig ist?

DURANDUS. Es ist wahr / dergleichen vornehme Leute dürffen nicht PRÆTERIRET werden.

EXCIPE. Man müste die COMPLIMENTE auff die grosse höltzerne Bier-Kanne zwecken / es ist ihm doch an Geschencke an meisten gelegen.

PURUS PUTUS. So möchte der Officirer dencken / man fürchte sich vor ihm. Hat der Landschöppe nicht einen bessern Vorschlag?

DURANDUS. Es gefiele mir mit dem Zettel / wenn er unter den Teller geleget würde.

EXCIPE. Oder / er könte dem Bettelvoigte an die Brust gehefftet werden.

PURUS PUTUS. Es geht nicht an. Wir müssen gewiß einen Pickelhe-ring aus dem nechsten Marckflecken verschreiben.

DURANDUS. Niemand besinnt sich auff unsern Herrn CONSULEN-TEN, er wird ja so geschickt seyn / unser COLLEGIUM zu PRÆ-SENTIren.

PURUS PUTUS. Sieh da / Herr CONSULENTE, die Verrichtung wird euch zufallen. Denn gleichwie der Wegevoigt das Vieh austreiben muß / wenn der Hirte kranck ist / also muß der CONSULENTE die Rede führen / wenn kein Pickelhering gemacht ist.

SCIBILIS. NON NOBIS NATI SUMUS, SED PATRIAE. Wer kan dem Vaterlande zu Ehren was versagen? HODIE MICHI, CRAS TIBI. Heute rede ich / Morgen Pickelhering.

PURUS PUTUS. Herr CONSULENTE, warum sprecht ihr denn MI-CHI, es heist ja MIHI.

SCIBILIS. QUIS NOVUS HIC NOSTRIS? Wer wil mich REFORMIren.

PURUS PUTUS. Buchstabirt doch / EM, I, MI, HA, I, HI.

SCIBILIS. ALIA VOCE PSITTACUS, ALIA VOCE COTURNIX LO-QUITUR. Die Gelehrten reden anders als die Bauren. Buchstabiret doch EM, I, MI, ACH! HA, ICHI, MICHI.

PURUS PUTUS. Ich lese / wie es geschrieben steht.

SCIBILIS. Ich kan auch lesen. Aber DIDICISSE FIDELITER ARTES EMOLLIT MORES, wer was ehrliches STUDIrt / der kriegt eine weiche Zunge. Ich bleibt darbey / es heist MICHI.

PURUS PUTUS. Ich richte mich nach dem Herrn PATER, der spricht auch MIHI.

SCIBILIS. PATRIA EST, UBI BENE EST, Ich halt es mit dem PATER, wenn er etwas guts zu fressen hat: des Lateines halben komme ich zu ihm nicht in die Schule. Ich spreche doch MICHI.

PURUS PUTUS. So dürfft ihr auch nicht sprechen TIBI, sondern TICHI.

SCIBILIS. FŒNUM HABES IN CORNU. Ihr habt Heckerling im Gehirne. INTER B. & H. MAGNA EST DIFFERENTIA.

DURANDUS. Ihr Herrn Collegen / wenn ihr von dem Lateine DISPUTIREN WOLT / so seyd ihr auff den Schuhbäncken nichts nütze. Schafft uns einen Pickelhering davor.

SCIBILIS. Es ist schon DECRETIret / daß ich die Person auff mich nehmen wil / und damit Holla! Schickt nur den Klingelman mit der Bier-Kanne und dem Branteweinglase zu mir. CÆTERA QUIS NESCIT? das übrige wil ich schon machen.

PURUS PUTUS. Der Herr Officirer ist etwas wunderlich / er nehme sich in Reden in acht.

SCIBILIS. TURPE EST DOCTORI, Es ist eine Schande / daß man den Meister selber eine Regel vorschreiben wil.

DURANDUS. Doch eine Erinnerung kan nicht schaden.

SCIBILIS. SI TU HIC ESSES, ALITER SENTIRES. Herr Landschöppe / ihr last euch nicht gerne REFORMIren.

EXCIPE. Ich habe nichts dabey zu erinnern / als daß ich ihm zu der schweren EXPEDITION viel Glück und Segen wündsche.

SCIBILIS. A JOVE PRINCIPIUM, Der letzte wünscht mir erst Gelücke.

PURUS PUTUS. Nun er lasse sich in seinen MEDITATIONIBUS nicht TURBIren.

Gehen ab.

SCIBILIS. Meine Collegen seyn prave Leute / wo gefährliche EXPEDITIONES seyn / da muß ich hin. Aber mit ihnen heist es: ANTE FOCUM SI FRIGUS ERIT, SI MESSIS IN UMBRA. Umb Essens Zeit kommen sie / und wenn sie arbeiten sollen / kriechen sie in den Winckel. Doch die COMMISSION wil ich nicht umbsonst auff

mich genommen haben. Es ist gut / daß der Herr Wegevogt herkömmt.

Extra kömmt.

SCIBILIS. Hört guter Freund / ihr geht gleich bey dem Herrn Gerichts-
Scholtzen vorüber / wolt ihr nicht was bestellen?

EXTRA. Wenn es nur das PUBLICUM betrifft / so muß ich mir Zeit
nehmen.

SCIBILIS. Sie werden mir darnach die grosse höltzerne Kanne voll
Bier schicken; sagt doch / der Herr Gerichts-Scholtze soll das gemeine Siegel drauff drücken lassen.

EXTRA. Was soll denn das Siegel auff der Kanne?

SCIBILIS. Die COMMISSION kömmt mir nicht zu / ich thue sie nur
aus freyen Willen.

EXTRA. Deßwegen braucht man doch kein Siegel.

SCIBILIS. Wenn ein ordentlicher Pickelhering ist / so hat er drauff
geschworen / und da weiß man wohl / daß er nichts aus der Kanne
sauffen darff; Aber ich könte mit guten Gewissen halb Wasser dar-
unter schütten; Drumb last die Kanne verwahren.

EXTRA. Jetzund nehme ich den Handel erst recht ein. Ich wil es erinnern.

114

Gehet ab.

SCIBILIS. Hasa; so muß man seine Person spielen. A CANE NON
MAGNO SÆPE TENETUR APER. Das heist / der Wegevogt muß
den Gerichts-Scholtzen betriegen. Halt / druckt mir nur das Siegel
auff die Kanne / es soll meinem Eydam so gut seyn / als eine VO-
CATION zum Pickelherings Dienste.

ZIRIBIZIRIBO *kömmt.* Ach Herr Vater / quält mich nicht. Soll ich
nichts werden / so sagt mirs nur in Zeiten.

SCIBILIS. IN PORTU NAVIGO. Die Sache ist ausgemacht. Gehet
flugs in mein Hauß / da hat der vorige Pickelhering seinen ORNAT
auffgehoben / denselben ziehet an / und PRÆSENTIret dem Herrn
Officirer das Geschenck.

ZIRIBIZIRIBO. Was hab ich davon / daß ich andern Leuten auffwarte?

SCIBILIS. TUA RES AGITUR PARIES CUM PROXIMUS ARDET.
Ach es geht euch gar zuviel an / wenn euer COMPETITOR das
Jawort weg hat. Drumb zieht nur das Kleid an / ich habe auff die

Kanne das gemeine Siegel drücken lassen / damit müst ihr Pickelhering seyn / oder der Officirer nehme es vor einen solchen Schimpff an / darüber er die Schubäncke mit den Herren über einen Hauffen würffe.

ZIRIBIZIRIBO. Wenn aber das Unglück über mich ausgienge?

SCIBILIS. PROCUL A FULMINE. Es hat keine Gefahr. Ich wil schon darzu kommen / und die Sache in das gevierdte bringen.

ZIRIBIZIRIBO. Darauff wil ich eins wagen.

Gehen ab.
Pacifontius, Ciaconi.   115

PACIFONTIUS. Warumb thut mir aber der Herr diesen Possen / und verhindert mich an meiner Wohlfahrt?

CIACONI. Ein jedweder denckt auff sich. Wenn meine Liebste 2. Männer / oder mein zukünfftiger Dienst 2. Personen erleiden könte / so wolte ich den Herrn versichern / daß ich meine Freude an seiner Wohlfahrt sehen würde.

PACIFONTIUS. Ich bin gleichwohl eher kommen / und habe viel Unkosten auffgewandt.

CIACONI. Da kan ich nicht davor. Ich begehre nicht zu sagen / was mich der Dienst kosten wird. Denn er gibt mir nichts wieder.

PACIFONTIUS. Der Herr könte wohl sonst in der Welt fortkommen.

CIACONI. Je hat doch der Herr auch an seinem Glücke nicht zu verzweiffeln. Vielleicht wird er mirs einmahl dancken / daß ich Ursache gewesen bin / eine bessere Beförderung zu suchen.

PACIFONTIUS. Mein Gemüthe stehet aber nach diesem Orte.

CIACONI. Und mir bekömmt die Lufft zu Querlequitsch auch gar wohl.

PACIFONTIUS. Er sehe nur / wie ich mich abgegrämet habe. Ich wolte nicht gerne / daß er an meinem Tode Ursache wäre.   116

CIACONI. Er lebe gesund. Denn was hätte ich von seinem Tode / es wären doch nähere Freunde da / die sich in seinen Mantel und in seine Beinkrausen theileten.

PACIFONTIUS. Es ist kein Mitleiden mehr in der Welt.

CIACONI. Ich soll mit ihm klagen / daß er den Dienst nicht kriegt / und er wil sich nicht mit mir erfreuen / daß ich die Braut nach Hause führe. Wer sich meines Glückes nicht theilhafftig macht / der mag meinetwegen auch alleine traurig seyn.

PACIFONTIUS. Ey er lasse sich doch bewegen / ich wil ihm gerne 20. Thaler über Haupt spendiren / wenn er mich wil in POSSESSI-ON lassen.

CIACONI. Er gebe mir das Geld / darnach wil ich ihm die 20. Rthlr. wiedergeben / daß er mich bey dem Dienste bleiben läst.

PACIFONTIUS. Ey der Herr thue es doch meiner alten Mutter zu Gefallen / daß sie auch vor ihrem Ende eine Freude noch an mir erlebt.

CIACONI. Ich wolte es gerne thun / wenn ich meinen Patron erzürnen dürffte / es würde mir schlechte Beförderung geben / wenn ich die jetzige Gnade mit Füssen getreten hätte.

PACIFONTIUS. Ist also nichts zu erlangen?

CIACONI. Ich habe nichts zu verschencken.

PACIFONTIUS. Ach Unglück über Unglück!

Gehet ab.

CIACONI. Das war noch ein alberner Kerl / daß er mich zu solchen possierlichen Händeln bereden wolte. Ach nein / die Gelegenheiten sind heutiges Tages gar dünne gesäet; Wer etwas in die Hände bekömmt / ach der greiffe nur feste zu.

RISIBILIS *kömmt.* Wo wilstu zugreiffen / du Dieb? du wilst meinen Liebsten umb seine Wohlfahrt bringen / und nu wilstu (halt ich) gar die Schuhbäncke ersteigen.

CIACONI. Jungfer / der Kerl ist gleich weggegangen / mit dem sie sich zancken wil.

RISIBILIS. Ach nein / er ist noch da / ich meine dich / du Rattenfänger.

CIACONI. Gewiß / die Jungfer kömmt unrecht an / ich wolte / sie wäre eine Ratte / sie solte Brieff und Siegel drüber haben / daß ich ihrentwegen keine Falle auffstellen würde.

RISIBILIS. Aber ich wolte / daß du in der Falle bey dem Rabensteine hangen bliebest.

CIACONI. Ich wil die Jungfer an demselben Orte nicht verdringen.

RISIBILIS. Wer weiß / wo du dem Galgen entlauffen bist / und nun sollen dir alle ehrliche Hochzeiten und Kindtauffen vertrauet werden?

CIACONI. Jungfer / wil sie dem Galgen nicht entlauffen / so bleibe sie dran kleben.

RISIBILIS. Ich schone meiner / sonst wolt ich dir ein halbschock Maulschellen nach einander geben / bis dir die Gusche aufflieffe wie ein Butterfaß.

CIACONI. Sie sag es doch dem Kerlen dems angehet / was hab ich davon / daß ich ihrer lose Worte halben sol Zeuge seyn?

RISIBILIS. Packe dich aus unsern Flecken / so darffstu meine losen Worte nicht hören.

CIACONI. Ich weiß ein gut Mittel vor die losen Worte.

Er kriegt seine Zitter / Risibilis wirfft ihm allerhand häßliche Namen an den Hals / jemehr sie aber schreyet / desto schärffer schlägt er die Zitter und singet was lächerliches mit ein.

RISIBILIS. Du Hund / du bist doch gar des Henckers / ich wil dich nicht so gut achten / daß du mich weiter hören solst.

Gehet ab.
Ciaconi singet in die Zitter.

Tausendmal tausendmal fröliche Stunden /
Ein böses Weib ist überwunden.
Denn diese lustige niedliche Zitter
Bewahrt den Herren Hochzeit-Bitter
Vor aller Weiber Ungewitter.
So werden die Jungfern REVENGIRET
Wenn man dargegen MUSICIRET.
Spielt eine Jungfer auf ihren Brumeisen /
So kan ich meine Zitter weisen.
Darüber ist die Noth verschwunden /
Und der ehrliche CIACONI hat des Schulmeisters Tochter
   überwunden.

Der letzte Vers hatte zu viel Füsse / aber die gute Jungfer hatte auch etliche Sparren zu viel / und dieses wird ein artigs Stückgen für den Herrn Pachtman seyn.

Gehet ab.
Frececerax und Aciculus.

FRECECERAX. Soll mir ein kahles Kleid nicht getrauet werden?

ACICULUS. Ihr Gnaden / ich wil es gerne thun / aber wo sol ich die Bezahlung herkriegen?

FRECECERAX. Ich lige auf EXECUTION hier / und ich gehe nicht von dannen / bis mir 78. fl. ausgezahlet sind / davon wird ja so viel abtrieffen / daß man ein paar Lumpen davor zusammen flicken kan.

ACICULUS. Ihr Gnaden / ich zweiffle nicht an ihren Mitteln / aber Sie haben gar zu viel zu thun / daß man sie nicht erinnern kan.

FRECECERAX. Mache mir den Kopff nicht warm / wilstu nicht mit der Schere / so wil ich mit dem Prügel. Du solst wissen / daß ich COMMENDANT in Querlequitsch bin / so lange ich auff EXECUTION da lige.

120 ACICULUS. Ich armer Mann!

FRECECERAX. Bist du arm / und wilst nicht arbeiten? Ach es ist eine Schande / daß die armen Leute kein Geld verdienen wollen. Ich rathe dirs / bringe mir Morgen umb den Mittag das Kleid / oder ich schicke dir zwey Soldaten über den Hals / die sollen dich EXEQUIREN, daß weder Ofen noch Fenster im Hause sollen gantz bleiben.

Ziribiziribo in Pickelherings Habite, mit einer Kanne Brantewein / Quoniam mit der hölzernen Bierkanne.

ZIRIBIZIRIBO. Hoch- und Wol-Mannvester und zu gegenwärtiger EXECUTION in Querlequitsch wolverordneter Herr Gefreyter.

Er schweigt still und besinnt sich.

FRECECERAX. Redet weiter fort / ihr dürfft vor meiner Person nicht erschrecken / ehrliche Leute sind mir gar angenehm.

ZIRIBIZIRIBO. Er verzeih mir / Herr Gefreyter / unser Herr CONSULENte hat mir eine Rede vorgeschrieben / da ist so viel Lateinisch drinne / ich kan sie nicht behalten: Doch der Innhalt ist etwan dieser: Der Herr Gerichts-Scholtze nebenst seinen Herrn COLLEGEN erfreut sich des Herrn glücklicher Ankunfft / und schickt ihm hier das Geschencke an Bier und Brantewein.

FRECECERAX. Ich habe die Personen am allerliebsten / die bey langen Geschencken kurtze Worte machen. Drumb bedancke ich mich auch kürtzlich vor das Geschencke / und wil meine EXECUTION dahin einrichten / daß die sämptlichen Herren mein gutes Gemüthe daraus erkennen sollen. Kommt mit herein / und helfft es auff Gesundheit verzehren. Aber wer kömmt hier?

Scibilis kömmt.

ZIRIBIZIRIBO. Es ist der Herr CONSULENte.

FRECECERAX. Er wird etwas anzubringen haben.

SCIBILIS. LOCUS TITULI, mein Herr Gefreyter / es haben die meisten aus unsern COLLEGIO gern verstanden / daß derselbe ihren neuen Pickelhering so gerne angenommen habe: sie können aber nicht verschweigen / daß etliche unruhige Köpffe den Pickelhering nicht wollen PASSIren lassen. Weil sie nun leichtlich dencken können / wie schimpfflich dem Herrn Gefreyten dieses Werck solte vorkommen / wenn er durch einen unrechten Pickelhering wäre COMPLIMENTIret worden; Als bitten sie / der Herr Gefreyte wolle nur das Siegel auff der Kanne betrachten / und wolle die andern Meutmacher ernstlich zurücke weisen / wenn sie den ehrlichen Pickelhering in seiner ersten FUNCTION TURBIren wollen.

FRECECERAX. Ich erkenne das Siegel / und ich wil es keinem rathen / der was anders dargegen vornehmen wolte. Ehe muß der gantze Flecken Querlequitsch zu Grunde gehen / ehe ich wil den Namen haben / daß mich kein rechter Pickelhering COMPLIMENTIret hätte.

Gehen ab.
Purus Putus, Durandus, Ciaconi.

CIACONI. Ihr Herrn / ihr habt es in Gegenwart des Herrn Amptmannes einmal versprochen / und ich wil bey meiner VOCATION geschützet seyn. Der leichtfertige Vogel hat sich mit Gewalt eingedrungen / ich wil sehen / ob Recht und Gerechtigkeit in diesem Flecken gehandhabet wird.

PURUS PUTUS. Lieber Freund / wir sind IN IGNORANTE PROBABILITATE. Hat der CONSULENte was angefangen / so mag ers verantworten.

CIACONI. Deßwegen seyd ihr da / daß ihr mich schützen solt: ich weiche nicht von dannen / bis ich meiner Sachen gewiß bin.

DURANDUS. Wir wollen das gantze COLLEGIUM zusammen beruffen / und bey dem Herrn OFFICIRER PROTESTIren. Denn wolten wir gleich den Herrn Amptmann darzu gebrauchen / so ist er nicht da / und wer weiß / was anderswo zu verrichten ist.

CIACONI. Ich frage nicht darnach / was ihr thun wollet. Bringt ihr nur die Sache dahin / daß ich bey meinem Rechte bleibe. Denn dieses mögt ihr euch wol einbilden / daß ich einen erschröcklichen PROCESS führen werde / der manchen von Haus und Hoff bringen solte.

DURANDUS. Nu nu / Herr COLLEGE, kommt nur fort / wir müssen in rechten PROCESSE dem Herrn OFFICIrer zusprechen.

Gehen ab.

CIACONI. Ach hätte ich 20. Rthlr. genommen / denn ich sehe wohl / wenn man den CONSULENten am besten betrogen hat / so ist in seinem Kopffe schon was anders fertig / damit er die Leute bezahlet. Aber ich wil hören / was mein Tischwirth dazu spricht.

Geht ab.

123
Purus Putus, Durandus, Excipe, Vademecus, [Extra,] Intra, Adjectivus, Nescio gehen alle Gliederweise nacheinander / Quoniam hinten nach.

PURUS PUTUS. Thür-Knecht geht hinein / und meldet ein Hochlöbliches COLLEGIUM der Gemeine zu Querlequitsch bey dem Herrn Officirer an.

QUONIAM. Ich sehe / wenn der Herr CONSULENte nicht da ist / so muß der Klingelman den Vortrag thun.

Geht hinein.

PURUS PUTUS. Das Blätgen wird sich bald wenden / und es kan leicht kommen / so wollen wir den CONSULENten absetzen.

DURANDUS. Wenn er uns betrügen wil / so ist er nicht viel nütze. Er hat gleichwohl eine ehrliche Besoldung / die manchen unter uns könte zum Biergelde geschlagen werden.

EXCIPE. Unser Thür-Knecht bleibt lange aussen / er hält gewiß eine lange Rede.

VADEMECUS. Er wird sich zuvor schencken lassen.

EXTRA. Oder der CONSULENTE ligt mit dem Soldaten unter einer Decke / daß er nicht vorgelassen wird.

INTRA. Hat er nicht die Glocke bey sich / darff er nicht reden / so mag er klingeln.

ADJECTIVUS. Vielleicht wird der CONSULENT umb schön Wetter bitten.

NESCIO. Das haben wir davon / daß wir keinen aus unsern Mittel abgeordnet haben.

FRECECERAX *kömmt heraus.* Ihr verfluchten BESTIEN, meint ihr / daß ein vornehmer OFFICIRER deßwegen auff EXECUTION geschickt ist / daß er sich von solchen Holuncken sol schimpffen lassen? davor sol euch Schwefel und Pech auff die vermaledeyten Köpffe regnen.

PURUS PUTUS. Herr Landschöppe / führt ihr doch das Wort / ich wil gerne hinden an treten.

FRECECERAX. Nun / was ist denn die Ursache / daß ich mich von der lustigen COMPAGNIE sol verstören lassen?

DURANDUS. Herr Einnehmer / ihr habt mit den EXEQUIREN mehr zu thun / sagt doch was. Meine Stelle ist hinter dem Gerichts-Scholtzen.

FRECECERAX. Wie lange sol ich warten / ihr Hunde / dieses sol gewiß der andere Schimpff seyn?

INTRA. Wer die meiste Besoldung kriegt / der mag reden. Hastu den Genieß / so hab auch den Verdrieß.

FRECECERAX. Was murmeln die stummen Hunde? ich halte / sie wollen mir zur BRAVADE der heimlichen Frage spielen.

Saget her / warumb dieser weitläufftige PROCESS bis an meine Hausthüre ist angestellet worden / oder ich wil meiner Gewalt mißbrauchen. *Er ergreifft Nescio beym Ermel.* Höre Kerls / warumb bin ich herausgeruffen worden?

NESCIO. Ich weiß nicht / was der Herr Gerichts-Scholtze vorbringen wil. Ihr Gnaden lassen ihn nur selber antworten.

FRECECERAX. Hastu in deinen Namen nichts zu PROPONIren?

NESCIO. Nein / ich lebe gar unverworren.

FRECECERAX. So packe dich zum ST. VELTEN davon.

VADEMECUS. Je wir werden wol auch gehen.

FRECECERAX. Warum wilstu gehen / ehe ichs befehle? Hastu mich nicht gefragt wie du bist herkommen / so magstu mich fragen / wenn du wilst weggehen.

VADEMECUS. Der Herr Landschöppe hat mich bestalt.

FRECECERAX. So komt doch her / und last euer Anbringen hören.

PURUS PUTUS. Gnädiger Herr Gefreyter / wir wolten nur gedencken – – –

FRECECERAX. Was wolt ihr gedencken?

PURUS PUTUS. Wir wolten etwan so gedencken / wie es irgend seyn möchte – – – Ach Herr Einnehmer / last mich nicht in der Noth stecken / ich weiß gewiß nicht / was ich reden sol.

FRECECERAX. Was hat der Einnehmer gethan?

INTRA. Nun wollens die Herrn auf mich schieben. Ich wil es doch gleich heraus sagen / sie wollen den Pickelhering nicht PASSIren lassen / der das Geschencke überbracht hat / und da hatte der Ge-richts-Scholtze ein groß Maul / wie er PROCESSIren wolte.

FRECECERAX. Du elender Schmutzbart / wilstu wider mich PROTE-STIren? Wer hat das Gemeine Siegel in der Verwahrung?

INTRA. Herr / der Gerichts-Scholtze.

FRECECERAX. Hastu nicht die Bierkanne mit den Siegel bezeichnet / und sind dieses nicht Uhrkunden genung / daß der Pickelhering ordentlich angenommen ist? Ich schwere euch / wird einer wieder diesen Pickelhering PROTESTIren / so wil ich weisen / was ich vor ein COMMENDANTE zu Querlequitsch bin.

Geht ab.

PURUS PUTUS. Ach der CONSULENte hat uns betrogen.

DURANDUS. Man druckt auch das Siegel auff die Bierkannen.

PURUS PUTUS. Nach geschehenen Sachen sind wir alle klüger.

DURANDUS. Aber nun hat das Vaterland ihrem Gerichts-Scholtzen alles zu dancken.

EXCIPE. Wenn die Aempter umb der Weiber oder umb der Geschen-cke willen vergeben werden / so nimmt es einen solchen Außgang.

VADEMECUS. Last nur den Herrn Gefreyten auf die Schuhbäncke kommen / da haben die Herrn ja allezeit ein lose Maul. Sie haben gewiß die grobe Sprache hinter den Fensterladen versteckt / daß sie auf der Gasse nicht beregnen sol.

EXTRA. Ich wil wol zu rechte kommen. Ich bin Wegevogt. Wil es nicht anders / so laß ich die Soldaten über die Wiesen MARCHIren / damit sind wir Freunde.

INTRA. Und der Einnehmer wird auch sehen / daß er den Hals aus der Schlinge zeucht.

ADJECTIVUS. Bleib ich nur heute ungevexirt / Morgen ist mir nicht leyd / denn da werde ich gewiß kranck seyn.

NESCIO. Und ich verstecke mich unter die Bettel-Leute / so hab ich ein PRIVILEGIUM wider die Soldaten.

QUONIAM. Wenn es auff den Schuhbäncken was zu verdienen gibt / so bin ich ein Thür-Knecht. Aber wo sich unsre Herrn sollen in die Ohrfeigen theilen / da bin ich ein Klingelman.

Er klingelt und geht ab.

PURUS PUTUS. So werd ich von allen meinen COLLEGEN verlassen.

DURANDUS. Der CONSULENT hat uns in das Unglück gebracht / er muß uns wieder rauß helffen.

PURUS PUTUS. Ja / wer wil ihn aus dem Hause ruffen?

DURANDUS. Da kömmt gleich der Herr PATER, der mag die Sache vortragen / wo er wil.

JUNIPERUS *kömmt.* Was haben die Herren hier zu thun?

NESCIO. Herr PATER, der Gefreyte / der EXEQUIren sol / fängt Händel mit uns an / und der Herr CONSULENte läst sich wider uns gebrauchen; Ach wenn sich jemand ins Mittel schlagen wolte.

JUNIPERUS. Ich bin des Herrn OFFICIRERS guter Freund / als ich Feld-Prediger war / diente er bey meinem Obersten vor einen LACQUEYEN. Ich weiß / er wird sich gewinnen lassen. Der Herr Pachtman wird auch zu uns kommen / und da sol euer schon am besten gedacht werden. Geht nur nach Hause / und haltet euch PARAT, wenn nach euch geschickt wird; Es gibt schlechten RE-SPECT vor der Gemeine / wenn ihr so schimpflich auffwarten sollet.

Sie gehen ab.

SCIBILIS *kömmt.* CARITAS INCIPIT Â SE IPSO. Ich muß meinen Schwieger-Sohn eher helffen / als ich an andre Leute gedencke: aber der Herr PATER hätte bald gar zu viel von dem Friede gepredigt: Drum muß ich den Herrn Pachtman hier aufpassen / ehe er in die COMPAGNIE kömmt / sonst möchten meine CONSILIA PRO HIC & NUNC in die Pültze gehen.

VOCATIVUS *kömmt.* Siehe da / Herr CONSULENT, geht er hier spatzieren? ich hätte die Boßheit mit keinem Knebel-Spiesse in ihm gesucht: was hab ich ihm und den Seinigen zu leide gethan / daß er meinen Clienten so liederlich hinter das Licht führet?

SCIBILIS. Herr Pachtman / FACTUM INFECTUM FIERI NEQUIT, zu geschehenen Sachen soll man das beste reden.

VOCATIVUS. HOC FECIT NEQUAM, Ich muß das schlimste davon reden.

SCIBILIS. ILIACOS INTRA MUROS PECCATUR & EXTRA, Es ist auff beyden Theilen mit Kräutern zugegangen. BEATI PACIFICI, wir thun am besten / wenn wir uns vergleichen.

VOCATIVUS. Ein schöner Vergleich / da ich alles soll fahren lassen.

SCIBILIS. PROXIMUS EGOMET MIHI. Die Tochter ist mir näher als ihm der Tischgänger.

VOCATIVUS. Dadurch bin ich nicht gezwungen einen schimpflichen Vergleich einzugehen.

SCIBILIS. AMICITIA MATER OBLIVIONIS, wir wollen alles auff die Seite stellen / er helffe nur dazu / daß mein Schwieger-Sohn Pickelhering bleibt / ich weiß einen bessern Dienst / da sein Schwieger-Sohn kan ACCOMMODIRET werden.

VOCATIVUS. Es wundert mich / warumb euer Scherschlip den bessern Dienst nicht annimt.

SCIBILIS. IN MAGNIS VOLUISSE SAT EST, Es ist genung / daß er was höhers verdienet: es wäre mir ein sonderlichs Haus-Creutze / wenn meine eintzige Tochter gar zu weit weggeführet würde. Denn ich kan keinen Augenblick aus Querlequitsch bleiben. DIÆTA DIÆTAM PARIT, & FILIA DEVORAT MATREM, eine Sorge kömmt aus der andern / und eine Sorge verhindert die andere.

VOCATIVUS. Er lasse mich doch hören wo das vornehme Ampt zu erwarten ist.

SCIBILIS. Ein Dorff heist ORIENS, das ander OC CIDENS, da sind viel herrliche Dienste zu vergeben.

VOCATIVUS. So so / wollen wir mit einander dahin / ich kan auch einen Gelehrten im spitzigen Hute die Spitze dagegen bieten.

Geht ab.

SCIBILIS. INTER SACRUM & SAXUM, nun steck ich zwischen den Gericht-Scholtzen und Pachtmanne / doch OMNIA CONANDO, wer nachdenckt / der läßt sich nicht betriegen.

Geht ab.
Purus Putus mit allen seinen Collegen kömmt auf die Schuhbäncke
und nimmt Session. Juniperus folgt hernach.

PURUS PUTUS. Thürknecht / bringe dem Herrn PATER einen Stuhl.

JUNIPERUS *setzt sich.* Lieben Freunde / ich habe bey dem Herrn
OFFICIRER das meinige gethan / und es ist ihm leid / daß ihr seinen Schertz etwas ungleich empfunden habt / er erkläret sich durch
mich / daß dem löblichen COLLEGIO allhier durchaus kein ver-
drießlicher Eintrag geschehen soll: nur dieses wil er sich RESERVIret
haben / daß ihm zu Schimpffe kein ander Pickelhering sol erwehlet
werden.

Scibilis und Ziribiziribo kömmen.

SCIBILIS. Ja ja ich habe mit dem Herrn OFFICIRER einerley Gedancken / hier ist der CANDIDATUS, welcher von dem Herrn OFFI-
CIRER RECOMMENDIRET wird.

Er setzt sich.

PURUS PUTUS. Wir müssen zufrieden seyn.

Vocativus und Ciaconi kommen / Pacifontius bleibt auf der Seite
stehn.

VOCATIVUS. Was? zufrieden seyn? Darin wird der alten Parol nicht
nachgelebet.

PURUS PUTUS. Herr Gevatter / ich habe nicht gewust / daß der Herr
da ist.

VOCATIVUS. Es ist ein alt Sprichwort: ABSENTIA, PRÆSENTIA,
PESTILENTIA.

CIACONI. Ich fodre SATISFACTION vor meinen Schimpff / mir ist
gleichwol das Ampt versprochen worden / und nun steh ich mit
der garstigen Hand / daß ich vor Angst einen aus euren Mittel er-
morden möchte.

SCIBILIS. RES PESSIMI EXEMPLI, So darff man auf den Schuhbäncken nicht reden.

CIACONI. Ich frage / wolt ihr euch zur SATISFACTION verstehen
vor den Schimpff / oder wolt ihr zu einen höhern Richter mit mir
tantzen?

SCIBILIS. QUÆ SUPRA NOS NIHIL AD NOS. Ach bleibt mit einen höhern Richter unverworren: wir wollen uns vergleichen. Der Herr PATER weiß / daß in den Kloster der Verwalter abdancken wil; wenn sich Herr CIACONI darzu wolte gebrauchen lassen / so ist kein Zweiffel / der gegenwärtige Tausch würde ihm nicht gereuen.

JUNIPERUS. Ihr Herrn / der Vorschlag ist sehr köstlich ausgesonnen / aber ich fürchte / es wird ein Knack darbey seyn.

SCIBILIS. OMNE TULIT PUNCTUM. Man muß den Knack auf die Seite räumen.

JUNIPERUS. Der gute Mensch hat sich mit des Herrn Gericht-Scholtzens Tochter verlobet / wer aber ein Kloster-Verwalter bey uns werden wil / der muß eine Jungfer freyen nach unsern Willen.

PURUS PUTUS. Also wird aus dem Vorschlage nichts.

SCIBILIS. CANIS REDIT AD VOMITUM, last den jetzigen Liebsten fahren / und greifft nach dem ersten. HABET SUA CASTRA CU-PIDO, die Liebe hat keine beständige Wohnung.

JUNIPERUS. Wenn dieser Vorschlag fortgeht / so sol Herr CIACONI in unsern Kloster Bestallung haben.

PURUS PUTUS. Es ist ein geringes Ding / daß meine Tochter einen Mann bekömmt / ich muß zuvor wissen / wie der Mann die Frau ernähren sol.

SCIBILIS. HIC OPUS HOC LABOR EST, denckt nur nach / es wird sich wohl geben.

PURUS PUTUS. Ihr Herrn COLLEGEN, wisset ihr was?

DURANDUS. Es wäre vonnöthen / daß wir einen INSPECTOR über die Wetterhähne hätten / denn auf manchen Häusern stehn sie mächtig krum / und also wird ein ehrlicher Mann offt betrogen / wenn der Wetterhahn auf die kalte Seite weist / so geht der Wind aus einem warmen Loche. Allein die Wetterhähne sind hier meisten-theils von Bleche / es würde wenig davon abzuschaben seyn.

EXCIPE. Wir bedürffen einen guten Kerlen / der des Sommers die Untergerichte im Korne EXERCIRte: aber ich weiß auch nicht wo die Besoldung solte herkommen.

VADEMECUS. Wir müssen einen Stempel auf die Bierzapffen drücken / und 6. gr. davon fodern / bey Straffe / daß ein gantzes Faß solte verfallen seyn / welches dergleichen Zapffen nicht hätte.

EXTRA. Es wäre gut / wenn ein INSPECTOR über die Stadtmauer gesetzt würde / der oben die Käfer und unten die Gänse wegjagete:

Denn wo dergleichen Ungeziefer überhand nimmt / so geht unser FORTIFICATION zu Grunde: aber der PUNCTUS wegen der Besoldung würde gar schwerlich zu heben seyn: Es wäre denn Sache / daß die Gänse dem Herrn Einseher als ein ACCIDENS gegönnet würden.

INTRA. Ich bedürffte in meinem Ampte einen treuen Gehülffen / der mir die unterschiednen Sorten von Gelde in gewisse Fächer abzehlte / daß mir darnach die Rechnung nicht zu sauer würde / und könte man etwan 18. pf. von 100. vor die Müh Besoldung geben.

ADJECTIVUS. Es wäre einmahl Zeit / daß wir unser Rathhaus wieder baueten / und da wäre ein guter Baumeister vonnöthen / der artige Sprüchlichen an die Wände schreiben liesse.

NESCIO. Es kömmt vielleicht dem Herrn CONSULENten oder auch dem Herrn Pickelhering zu: aber das wäre eine Sache / die unsrer Gemeine zu unsterblichen Ruhme gereichen solte / wenn wir einen gelehrten Kerlen suchten / der die CHRONICA von Querlequitsch über sich nehme: denn wofern er ausländische Sachen mit einbringen wolte / so könte ich ihm getreulich beystehen. Man gedencke nur / was der Bettelvoigt ein Jahr lang vor neue Zeitungen von den frembden Bettlern erfahren kan.

QUONIAM. Ihr Herrn halt mirs zu gute / daß ich meine Nothdurfft auch vorbringe: wenn ihr schöne Sprüchlichen bestellt / last mir doch was lateinisches an meine Glocke schreiben / oder gebt mir zum wenigsten ein deutsches Reimgen an meinen Brodkorb.

PURUS PUTUS. Ihr Herrn / ich habe eure Meynungen verstanden / aber weil es meine FAMILIE betrifft / so wil ich alles ihren Gutdüncken überlassen / was absonderlich der Herr PATER, der Herr Pachtman und der Herr CONSULENT nebenst dem Herrn Landschöppen vor gut befinden wird.

JUNIPERUS. Wäre es nicht möglich / daß der Herr Gericht-Scholtze einen SUBSTITUten annehme?

PURUS PUTUS. Ich wil mein Ampt schon verrichten / die andern Kinder müssen auch zuvor versorgt werden.

VOCATIVUS. Der Herr CONSULENT ist gar zu sehr mit Arbeit überhäufft / wenn er Schulmeister würde / und Herr SCIBILIS bliebe bey seinen Regiments Sorgen.

SCIBILIS. OMNIS APOSTATA EST PERSECUTOR SUI ORDINIS, Ich mag mit dem Herrn Landschöppen wegen seines Eidams in

134

keinen Widerwillen gerathen / ich hielte davor / wenn der Herr
Pachtman das kleine Vorwerg abtreten wolte / der Herr Gericht-
Scholtze hat eine gute Wirthin / die solte ihrer Tochter mit guten
Rath an die Hand gehen.

VOCATIVUS. Herr CONSULENT, ihr seyd gar krum wenn ihr euch
bückt: ich mercke wohl wo ihr hinaus zielt. Nein nein / die Pacht-
güter dürffen nicht getheilet werden.

DURANDUS. Wie wäre es / wenn wir an des Junckern Hofe einen
Residenten hielten / der unsere Sachen beförderte?

SCIBILIS. DEFICIENTE PECU, DEFICIT OMNE, NIA. Sagt nur /
wo Geld herkömmt? ein Residente muß den Staat führen: ich
glaube nicht / daß er ein Jahr lang mit 27. Fl. auskäme.

DURANDUS. Es steht auff unsern Brodbäncken noch ein alt verlegnes
CAPITAL, wenn wir dasselbe bey den Juncker könten ausbitten /
so hätten wir das Jahr 13. Fl. Ein jeder schlage so viel vor / so
wollen wir das Geld zusammen bringen.

JUNIPERUS. Der Juncker hat seinen vorigen Calcanten abgeschafft /
wenn der RESIDENTE die Müh alle Sontag wolte über sich nehmen
/ so hätte er das Jahr 1. fl. aus der Kirche / das wären schon 14. fl.

VOCATIVUS. Der Calcante hat dem Herrn PATER daselbs die Zinsen
eingefodert / und hat von den Gülden 6. Pf. Auffgeld gehabt: wenn
er bey müssigen Stunden das ACCIDENS mit nehmen wolte / so
hätten wir schon 14. fl.11. gr.

SCIBILIS. ADDE PARUM MODICO, Brocken machen auch Brodt.
Er mag die CHRONICA darbey schreiben / so könte Anstalt gemacht werden / daß ihm von jedweder Leiche 3. pf. von Kind-
Tauffen 3. pf. und von einer Hochzeit 6. pf. gegeben würde / so
hätten wir doch wohl des Jahres LATUS PER SE alles zusammen
gerechnet / 15. fl. 3. gr.

DURANDUS. Ein Handwercks-Junge / der von dem Meister auffge-
nommen wird / könte ihm auch 6. pf. geben / trüge es nun gleich
das Jahr nur 2. gr. aus / so wäre es gleichwol 15. fl. 5. gr.

VOCATIVUS. Wenn was verkaufft wird an ligenden Gütern / so
würde sich niemand wegern 6. pf. zu bezahlen / und man lasse
dergleichen Fälle des Jahres drey mal kommen / so hätten wir schon
18. pf. drüber.

JUNIPERUS. Ihr Herren / wir PRÆSUPPONIren / daß der Juncker
das CAPITAL wird abtreten / und ehe wir damit zurechte kommen

/ so heist es: Wir machen die Rechnung ohne den Wirth. Ich weiß ein herrlich Ampt vor ihn. Denn es ist bekant / was der weitberühmte Marckfleck Querlequitsch vor PRIVILEGIA hat / und wie die Bürger vor vielen Städten grosse Freyheit haben. Weil nun kein Zweiffel ist / es wird sich mancher anderswo vor einen Bürger zu Querlequitsch ausgeben / so wäre es billig / daß man einen REVISOR machte / der alle Jahr gewisse Zeichen austheilte / dabey man die rechtschaffenen Bürger unterscheiden könte. Und was wäre es mehr / wenn ein Bürger solchen PRIVILEGIEN zu Ehren alle Jahr 18. pf. hingäbe?

VOCATIVUS. Es könte nicht schaden / wenn jemand gewiß Papier zu verkauffen hätte / darauff alle Testamente / Verträge / Heyraths-Notuln / Kauff- Briefe / und dergleichen geschrieben würden: und was wäre es / wenn ein Bogen 6. pf. gülte / der ümb einen Heller eingekaufft wäre?

SCIBILIS. Lustig! INVENTUM CENTUM BOUM MACTATIONE DIGNUM, ich hab einen rechten Vorschlag: Unser Apothecker ist gleich weggezogen: wenn wir bey den Juncker anhielten / daß der liebe Mensch ein MONOPOLIUS würde über Taback und Brantewein / so wäre ihm in seiner Nahrung geholffen / biß er mit der Zeit in unser COLLEGIUM gezogen würde: Könte ihm doch eine gewisse Taxe vorgeschrieben werden / wie theuer ein und das andre zu verkauffen wäre / ingleichen / daß er allen aus unsern COLLEGIO bey der Zusammenkunfft ein Gläßgen Brantewein / OB DEFECTUM SPIRITUUM, die Lebens-Geister zu stärcken / und denn bey dem Abtritt ein Pfeiffgen Taback OB HUMIDUM RADICALE, zu Erquickung des Gehirns / geben möchte.

VOCATIVUS. Ich wil sehen / ob der Juncker damit wird zufrieden seyn / und ich hoffe einen guten Außgang.

PURUS PUTUS. Also wäre der schwere PUNCTUS nunmehr beygelegt. Herr ZIRIBIZIRIBO ist unser ordentlicher und rechtmässiger Pickelhering; Herr CIACONI ist LEGITIMIRTER und in Hoffnung APPROBIRTER Klosterverwalter; Herr PACIFONTIUS ist MONOPOLIUS CHRONICOGRAPHUS & CÆTERA. O das ist ein herrlicher Tag / der mit einen guten Rausche muß beschlossen werden.

SCIBILIS. QUIS POTEST RESISTERE TOT ARMATIS, Wer kan sO einem vortrefflichen Vorschlage widerstreben? der Herr Gerichts-

Scholtze schencket selber Bier / es wird sich am besten schicken / daß das COLLEGIUM beysammen bleibt.

DURANDUS. Wollen wir die Bürgerschafft hinbescheiden / und den neuen Pickelhering vorstellen / so verschenckt der Herr Gerichts-Scholtze desto mehr Bier.

PURUS PUTUS. Der Herr PATER und der Herr Pachtman als vornehme COMMISSARIEN und Scheidsleute werden sich nicht davon ABSENTIren: der Herr PATER soll gantz frey gehen / und dem Herrn Verwalter wil ich die halbe Urthe von meiner Rechnung abziehen lassen.

138

SCIBILIS. BIS DAT, QUI CITO DAT, wir werden uns nicht länger auffhalten: SEMPER HONOS NOMENQUE TUUM LAUDESQUE MANEBUNT, wird uns der Herr viel Kannen Bier lassen zu gute gehen / so werden wir solches mit grossen Danck erkennen / oder wird sich einer von den Herrn CANDIDAten angreiffen / NON REPUGNABIMUS, wir wollen seine LIBERALItät nicht beschämen. GRATIARUM ACTIO EST AD PLUS DANDUM INVITATIO.

JUNIPERUS. So wollen wir gehen: aber es wäre nicht zu tadeln / wenn der Herr CONSULENT einen jedweden unter diesen dreyen beförderten Personen ein Rätzel auffgäbe.

SCIBILIS. HIC & SUM DOMI, Herr ZIRIBIZIRIBO, rath / was ist das? Am Sontage ein groß Maul / am Werckeltage früh eine schwere Hand / nach Mittage einen spitzigen Finger.

ZIRIBIZIRIBO. Es ist unser Herr CONSULENT: des Sontags singt er in der Kirche / des Werckeltages schmeist er früh die Kinder / und des Mittags setzt er den Finger an die Stirne / und sucht allerhand kluge Anschläge heraus.

SCIBILIS. REM ACU TETIGISTI, er hat einen Spitz-Finger. Aber Herr CIACONI, rath / was ist das: Früh grüne / auffn Mittag schwartz / auff den Abend weiß.

CIACONI. Es ist unser Herr PATER, der hat früh in der Messe eine Kappe von grünen Tuche / zu Mittage geht er in einen schwartzen Kleide ins Bierhauß / auff den Abend legt er sich im weissen Hembd ins Bette.

SCIBILIS. Tu BIBISTI CICUTAM, Ihr seyd auff den PARNASSUM gewesen. Aber Herr PACIFONTIUS, rath / was ist das: Das kleine wäre mir lieber als das grosse / und nichts wär mir lieber als etwas.

139

PACIFONTIUS. Es ist gewiß eine Ohrfeige.

SCIBILIS. MUNDUS REGITUR OPINIONIBUS. Ich sehe / die Gelehrten haben unterschiedene Meynungen: ich halte / es ist unser Klingelman. Denn die kleine Geld-Büchse ist mir lieber / als der grosse Brodkorb / und wenn er weder Korb noch Büchse bey sich hat / und also einen Thürknecht auff den Schuhbäncken bedeutet / so ist er vornehmer als wenn er vor gemeiner Leute Häuser kömmt und einen Bettler abgibt. SED CLAUDITE NUNC RIVOS, schliesst die Schuhbäncke zu / SAT PRATA BIBERUNT, der Herr Gericht-Scholtze hat gut Bier / Vos VALETE & PLAUDITE, die Herrn seyn gebethen und folgen / wie sie unser Herr Thürknecht verlesen wird.

Hier tritt Quoniam auf und verlieset die Personen folgender Gestalt:

[QUONIAM.] Herr ZIRIBIZIRIBO als neu bestätigter Pickelhering an seinen Ehrentage wird in der Mitten geführet. Der Herr PATER und der Herr Pachtmann begleiten Ihn.

Der Herr Gericht-Scholtze / Herr CIACONI, an seinen halben Ehren-Tage / als naher Freund.

Der Herr Landschöppe / Herr PACIFONTIUS als Freund.

Der Herr CONSULENT als Freund jedoch an seiner gewöhnlichen Stelle.

SUMMA SUMMARUM die übrigen Herrn werden sich selbsten zu ordnen wissen.

Sie gehen in der Ordnung etliche mahl herumb und lassen den Hirten als Stadt- oder Marckfleckens Pfeiffer mit dem Horne vorher blasen.

Schluss-Handlung.

Machiavellus, Antiquus.

MACHIAVELLUS. So bistu endlich in des PARNASSI Gewalt / du allgemeiner Landbetrieger / und hab ich also Gelegenheit / meine Unschuld an den Tag zu legen / welche durch deinen falsch erdichteten Nahmen ziemlicher massen ist gekräncket worden. Halt / ich wil selbst unter die Kläger treten / und dich zu einer solchen Straffe fodern / darüber dir das Hertz im Leibe brechen soll.

ANTIQUUS. Gemach / gemach / mein Freund / ich meyne / der MACHIAVELLIsche Nahmen solte durch mich mehr gerühmet als geschimpffet werden. Ich heisse ANTIQUUS, das ist / ich bin der alte Anfänger aller Boßheit / und so wohl die MACHIAVELLIschen Künste auff dergleichen Schlag gemüntzet seyn / so wohl hat MACHIAVELLUS die Ehre unter meiner Fahne als ein Soldate zu dienen.

MACHIAVELLUS. Weit gefehlet / weit gefehlet / und gesetzt / ich hätte dich alten Betrüger auch über meine Klugheit und über meinen Fleiß herrschen lassen / so hat der Durchlauchtigste APOLLO mich zu einer solchen Straffe verdammet / darbey mir täglich der Haß wieder dich / du alter Betrieger / verneuert wird. Ich habe mit dir nichts zu schaffen.

Fama läst blasen und kömmt heraus.

FAMA. MACHIAVELLUS und ANTIQUUS werden vor den Majestätischen Richter-Stuhl im PARNASSO CITIRET, umb daselbst bey unvermeidlicher Straffe zu erscheinen.

Schwinget sich davon.

MACHIAVELLUS. Ich wil nicht ein Beklagter / sondern zugleich ein Kläger seyn.

Geht ab.

ANTIQUUS. Aber ich wolte / daß der Tyranne / der über mich gebiethen wil / von seinen Thron gestürtzet würde / ehe mir aus seinem grausamen Munde das Urtheil soll verlesen werden.

Geht ab.
Apollo praesentirt sich auff seinem Throne / umb ihn herumb
Eusebius, Uranius, Politicus, Civilis, Simplex, Innocens, Candidus,
Infucatus, Fidelis, Immutabilis, Rationalis.

APOLLO. Ist es möglich / daß ein allgemeiner Verderber die Menschliche Gesellschafft zu allem Unglück verführet hat?
EUSEBIUS. Durchlauchtigster APOLLO, es wäre zu wünschen / daß wir etwas anders berichten könten.
POLITICUS. Und es ist mehr als zuwahr / daß auch bey den geringsten Personen List und Gewalt auff das höchste gestiegen ist.

EUSEBIUS. Ein jedweder vertrauet seinen Kräfften / und niemand begehret von dem Himmel einigen Beystand zu erlangen.

POLITICUS. Gleichwol muß die Liebe des Himmels zum Deckmantel dienen / wenn die ärgste Boßheit verübet wird.

Machiavellus, Antiquus, Appetitus erscheinen.

APOLLO. Ihr Menschen-Verderber / haben wir endlich euere Boßheit gründlich erforschet / und sollen wir den bedrängten Personen nicht Hülffe und Gerechtigkeit wiederfahren lassen?

MACHIAVELLUS. Durchlauchtigster APOLLO, gleichwie meine Straffe bißhero mit aller Gedult ist ertragen worden / in Betrachtung / daß ich wohl mehr als diese gelinde Züchtigung verdienet hätte; gleichwohl ist meine unterthänigste Bitte / eure Majestät wolle dero gehorsamsten Knecht von den übrigen Anklagen befreyen / und die Straffe den jenigen zuerkennen / die bißhero unter dem falschen Deckel meines Nahmens die einfältige Welt verführet haben.

APOLLO. So gehe wiederumb als ein Verbannter an deinen Ort / und laß dich nimmermehr gelüsten unter den Tugendhafften einiger Würde theilhafftig zu werden.

MACHIAVELLUS. Ich gehe / aber ach ihr Sterblichen sehet / wie straffwürdig eine Person werden kan / welche sich in dem Leben nicht gescheuet hat / die schönsten Gaben des Gemüthes schändlicher Weise zu mißbrauchen. Ach hätte ich die MANIER zu schreiben von den weisen Heyden gelernet / so würde mein Nahmen doch nicht aus der Ordnung der Tugendhafften ausgeschlossen! wiewohl ich gehe / und vollbringe den Befehl.

[Geht ab.]

APOLLO. Aber du geiler APPETITUS, warumb hastu dich von deinen rechtmässigen Herrn loß gemacht?

APPETITUS. Dieser Herr ist mir zu kleine.

APOLLO. Die Herrschafft wird nach dem Rechte / nicht nach der Grösse geurtheilet. David hat den Goliad überwunden / und RATIONALIS soll über den APPETITUS als ein rechtmässiger Sieges-Herr das COMMANDO haben. Auff RATIONALIS, lege den unbändigen Knechte solche Ketten an / dadurch er seiner Schuldigkeit erinnert werde.

RATIONALIS. Durchlauchtigster APOLLO, euer Majestät sollen vor dieses hochvernünfftige Urtheil unterthänigst gerühmet werden.

Er bindet den Appetitus an die Kette.

APPETITUS. Ach weh / soll ich keiner Freyheit geniessen?

RATIONALIS. Nein / als wenn ich damit zu frieden bin.

APPETITUS. Ach weh / die Fessel drücken mich!

APOLLO. Wer wil unsern Schlusse wiedersprechen? Du aber vermaledeyter ANTIQUUS, hastu noch Bedencken gehabt / vor unserm Richter-Stuhle zu erscheinen?

ANTIQUUS. Ich bin hieher genöthiget worden. Allein ich stehe noch bey mir an / ob ich antworten wil.

APOLLO. Hastu nicht die Welt verführet?

ANTIQUUS. Und wenn ich nun dieses gethan hätte? Kan ich viel verführen / so hat APOLLO die Freude / daß er durch seine künstliche Tugendhafften viel verbessern kan.

APOLLO. Hochmütige BESTIE, willstu vor unser Macht noch nicht erzittern?

ANTIQUUS. Ich erzittere / aber nicht als vor einen Richter / sondern als vor einem Tyrannen.

APOLLO. Auff / ihr getreuen Diener / ERUDITUS, SEDULUS und SEVERUS! Auff / und nehmet dieses unbändige Thier in eure Gewalt.

Sie kommen hervor.

ANTIQUUS. Ich bin gewohnt zu herrschen.

APOLLO. Aber du bist schuldig zu dienen.

ERUDITUS. Komm her / und nimm unser Joch auff dich / du solst von mir lernen.

SEDULUS. Und von mir solstu den Müssiggang vergessen.

SEVERUS. Von mir aber solstu gezwungen werden.

ERUDITUS. Mein Zwang ist lieblich; Denn ich sage die Warheit / und nöthige die Hertzen zu einem unstreitigen Beyfall.

SEDULUS. Mein Zwang ist vernünfftig / denn ich rathe zu der gebührenden Arbeit.

SEVERUS. Mein Zwang ist großmüthig: denn wer mit guten nicht gehorchen wil / der muß den Gehorsam mit seinen Schmertzen lernen.

144

145

ERUDITUS. Wer die Lehre annimmt / der wird ein neuer Mensch.

SEDULUS. Wer sich zu fleissiger Arbeit gewehnet / der lernet des alten Menschen vergessen.

SEVERUS. Und wo die Straffe auff den Rücken nachfolget / da muß eine Verdrießligkeit die andere vertreiben.

ERUDITUS. Auff / und schicke dich / du bist unser Gefangener.

ANTIQUUS. Du bringest mir Lehren vor / die ich nicht glaube.

SEDULUS. Strecke deine Glieder an / die Zeit ist vorbey / da man die müssigen Stunden auff einem faulen Polster verschlaffen hat.

ANTIQUUS. Ich wolte lieber sterben als arbeiten.

SEVERUS. Vielleicht auch lieber sterben als Straffe fühlen.

ERUDITUS. Sehet her ihr Sterblichen / so muß die Wurtzel der alten Begierden ausgerissen werden.

SEDULUS. Ach / seyd fleissig / damit die Laster keine Zeit finden.

SEVERUS. Unterwerffet euch der Züchtigung / damit die Laster ausgerottet werden.

ERUDITUS. Folget guten Lehren / damit eine neue Fruchtbarkeit entstehen möge.

SEDULUS. Der Himmel verkaufft das seine durch Arbeit.

SEVERUS. Und aus der Straffe quellen süsse Früchte hervor.

ERUDITUS. Absonderlich wenn die Lehre den Safft in die Früchte fliessen läst.

SEDULUS. Auff / SCLAVE, du must wandern.

ANTIQUUS. Ach weh / wie lange soll ich gezwungen seyn?

ERUDITUS. Biß dir der Zwang nicht sauer ankömmt.

SEDULUS. Und biß deine Gestalt dem PARNASSO annehmlich wird.

ERUDITUS. Ach weh dem / der zu langsam unter meine Bothmässigkeit geschicket wird.

SEDULUS. Weh dem / der zu spät meine Regeln ergreiffen soll.

ERUDITUS. Ein Alter lernet übel.

SEDULUS. Und ein alter Müssiggänger arbeitet übel.

SEVERUS. Und weh dem / der in dem Zuchthause die Arbeit zu erst lernen soll.

Gehen ab.

APOLLO. Ihr aber / liebsten Söhne / nachdem der allgemeine Feind unter gewisse Ketten also verschlossen wird / daß man auff allen Seiten / wo nicht einer vollen Besserung / dennoch einer bessern

Hoffnung geniessen kan / so kommet etwas näher auff unsern PARNASSUM, und lasset euch zu der Freundschafft aller Tugendhafften hinbegleiten.

SIMPLEX. Ach gelobet sey die Majestät / die endlich der Einfalt einen beständigen Platz zuerkennet.

CANDIDUS. Gelobet sey der Richter / bey dem die ehrliche PARTEY den besten Lohn davon trägt.

FIDELIS. Und gelobet sey derselbige Thron / der nichts als Liebe mit tausendfachen Strahlen hervor blicken läst.

SIMPLEX. Wer die Tugend in Hertzen behalten wil / der muß is einfältig seyn.

CANDIDUS. Wer die Einfalt im Wercke PRACTICIren wil / der muß offenhertzig seyn.

FIDELIS. Und wer sein offenhertziges Gemüthe wil erkennen lassen / der muß sein Licht / das ist / Treu und Liebe vor den Menschen leuchten lassen.

APOLLO. Und wer in meinem PARNASSO wohnen wil / muß euch dreye in beständigen Verbündnüsse zu Freunden haben. Doch ihr liebsten COMMISSARII, was habet ihr durch diese Mühwaltung verdienet? bittet umb eine Gnade / so viel als unser PARNASSUS in vermögen hat / so viel soll euch zur Vergnügung unversaget seyn.

EUSEBIUS. Durchlauchtigster APOLLO, die Vergeltung ist in dem schon erwiesen worden / daß unsere geringschätzigen Dienste mit gnädigen Augen sind angesehen worden.

APOLLO. Verachtet unsre Müdigkeit nicht / wir wollen wissen in welchem Stücke eure Lust am höchsten blühen könne.

EUSEBIUS. Durchlauchtigster APOLLO, weil uns die hohe Gnade angeboten wird / so wolle eure Majestät gnädigst vergönnen / daß wir beyde so wohl in dieser Hochgeschätzten Versamlung / als auch insgemein bey der hochwehrten Stadt Zittau einer beständigen Wohnung möchten gewürdiget werden.

APOLLO. Auff MERCURIUS! EUSEBIUS und POLITICUS sollen die gedachte Stadt in unverrückter Freundschafft bewohnen / und dannenhero mag dieser Schluß ihnen sämptlichen auf das schleunigste vorgehalten werden.

MERCURIUS. Hochgeschätzte Anwesende / nach dem EUSEBIUS, das ist der Liebhaber des Göttlichen Worts / und POLITICUS, das ist der kluge Werckmeister der zeitlichen Glückseligkeit / in der Hochlöblichen Stadt Zittau einen belieblichen Sitz von dem Durchlauchtigsten APOLLO erhalten haben / auch numehro durch meine Bottschafft gleichsam die endliche Anweisung geschehen soll: Als bin ich von Hertzen erfreuet / daß dergleichen angenehme Post umb diese hochschätzbare Gegend erklingen soll. Denn gleich wie die wohlbestelte Kirche / neben der immerblühenden Schule lange verdienet hat / daß EUSEBIUS sein Ebenbild unter so viel Personen richtig antreffen möchte sein Ebenbild unter so viel Personen richtig antreffen möchte; Ebenfals hat auch dieses tapffere Rathhauß so viel Strahlen einer väterlichen und klugen Sorgfalt hervordringen lassen / darbey sich POLITICUS, als bey der lieblichsten Sonne / viel Zeit und Jahre ergötzen wird. Sie belieben diese Gäste mit freudigen Hertzen anzunehmen / und so leben darbey versichert / so lange EUSEBIUS in der Stadt seinen Auffenthalt antreffen wird / so lange soll der Seegen des Himmels mit zeitlicher und ewiger Gnade / nicht anders als ein lieblicher Regen / herab fliessen: und so lange der ungefärbte und rechtmässige POLITICUS die Einwohner dieser Stadt unter seine Freunde zehlen wird / so lange soll Reichthum und die Fülle / Fried und Sicherheit / Ruhm und Ehre / von Tage zu Tage in einen höhern Grad gebracht werden: Und also wird der Durchlauchtigste Lands-Vater [dessen Tage GOTT noch ferner segnen und vermehren wolle] durch das Wachsthum dieser unterthänigsten Stadt / als ein Vater erfreuet / als ein Herr gerühmet / und als ein irrdischer APOLLO mit demütigsten Gehorsam angebetet werden. Lebet wohl bey diesem Geschencke / und lasset in allen Gassen die fröliche Post erschallen / daß EUSEBIUS und POLITICUS ihren Sitz allhier genommen haben. 149

Gehet zurück.

EUSEBIUS. Liebster Bruder / wie frölich ist mir die bißherige Müh vergolten worden.

POLITICUS. Und wie lieblich wird nunmehr unsre Wohnung seyn.

EUSEBIUS. Mein URANIUS, ich kan euch nicht verlassen.

URANIUS. Ich bleibe / wo EUSEBIUS bleibt / denn ich habe mich schon längst in diese Stadt gesehnet / die sich dem Himmel so schön zu befehlen weiß.

POLITICUS. So werde ich meinen CIVILIS auch nicht zurücke lassen. 150

CIVILIS. Ach ja mein POLITICUS, ich wil in Zittau wohnen / ich wil meine Lust an den allgemeinen Glücke sehen. Wenn die Sonne auffgehet / wil ich die gesegnete Gegend in mein Gebet einschliessen / und wenn die Nacht einfällt / soll meine beständige Andacht noch an keinen Schlaff gedencken. Ich selbst wil mich bemühen / und bey GOtt und Menschen dieselbige Gnade suchen / damit einmahl diese geliebte Stadt meines Fleisses / meines Lebens / und meines Segens könne Zeuge seyn.

EUSEBIUS. Ach lasset uns die himmlische Majestät inbrünstig anruffen / daß er unsern Einzug glücklich machen / und die zugedachte Freude viel doppelt vermehren wolle.

Sie fallen sämptlichen auf die Knie / so lange als folgende Arie gesungen wird / Und wird zwischen jeglicher Strophe die Melodey mit Trompeten und Paucken nachgespielet.

I.

Du Friede-Fürst / Herr Jesu Christ /
Wir bringen Danck und Preiß /
Daß man allhier in langer Frist
Von keinem Kriege weiß;
Und daß wir noch kein frembdes Joch /
Auff unserm Rücken fühlen.

II.

Du gibst dem Landes-Vater Krafft /
Daß Er nach Frieden strebt /
Und daß die werthe Bürgerschafft
In sicherm Stande lebt;
Ja daß dein Wort noch immerfort /
In unsern Kirchen schallet.

III.

Ach JEsu wohn' uns ferner bey /
Und tritt zugleich ins Spiel /
Wenn irgend Trotz und Schmeicheley /
Die Ruh verstören wil /

Daß weder Feind / noch falscher Freund
An uns sein Müthlein kühle.

IV.

Laß Zittau stets gesegnet seyn /
Beschütze dieses Hauß /
Und schütte Deinen Gnaden-Schein
Auff alle Väter aus /
Die spath und früh / durch ihre Müh /
Viel Heil und Gutes stifften.

V.

Der theure Chur-Fürst lebe lang'
So freut sich unsre Stadt /
Die Seinetwegen hohen Danck /
Bey Dir zu leisten hat /
Dieweil der Glantz den Rauten-Krantz
Fast täglich höher zieret.

VI.

Wolan Du hoher Friede-Fürst /
Wir rühmen deine Treu /
Daß du uns nicht verlassen wirst /
Steh' unsern Vätern bey /
Daß Sie viel Jahr der jungen Schaar /
Die Lust verstatten mögen.

152

Geneigter Leser.

Ich hatte mir vorgesetzt / etwas von dem Kunst-Stücke der COMŒ-
DIEN, ingleichen von den Lustigkeiten in Possen-Spielen zu gedencken:
Allein weil ich anjetzo erst erwarten muß / wie diese INVENTION
gefallen möchte / und ob ich bald meinen JEPHTHA, ingleichen den
Marschall D'ANCRE heraus geben dürfte; so mag auch dieser Vorsatz
biß auff bequemere Zeit verschoben seyn. Indessen bleiben wir allerseits
in GOttes Obhut / Ich aber deiner AFFECTION befohlen.

Biographie

1642	*30. April:* Christian Weise wird in Zittau geboren. Der Sohn des Zittauer collega tertium Elias Weise, wird in der frühen Kindheit vom Vater unterrichtet.
1660–1663	Weise studiert in Leipzig Theologie. Bereits zu dieser Zeit erwirbt er sich einen Ruf als Gelegenheitsdichter. Die Gedichte kommen später gesammelt heraus in »Der grünen Jugend uberflüssige Gedancken«, Amsterdam/ Nürnberg 1668.
1663	Nach seiner Magisterpromotion beginnt Weise in Leipzig die Lehrtätigkeit in den Fächern Rhetorik, Politik, Geschichte und Poesie.
1668	Im Leipziger Klima einer vorsichtig modernisierten Humanistengelehrsamkeit legt Weise erste Fundamente zu seiner Konzeption vom »Politischen«.
	»Die Triumphirende Keuschheit« erscheint in Amsterdam, recte Nürnberg.
	Da die akademische Karriere nicht gelingt, tritt Weise eine Stelle als Sekretär beim Minister des Herzogs August von Sachsen-Weimar, Simon Philipp von Leiningen-Westerburg, in Halle an.
1670	Weise wird Hofmeister beim Baron Gustav Adolf von der Schulenburg in Amfort/Magdeburg.
	Im gleichen Jahr wechselt er als Professor an das Weißenfelser Gymnasium, eine sog. Ritterakademie. In der Weißenfelser Zeit schreibt er einige Bücher und beginnt seinen spezifischen Ansatz herauszuarbeiten: die rhetorische Tradition seit der Antike mit zeitgenössischen Bedingungen, Themen und Interessenlagen zu verknüpfen.
1671	»Die drey Haupt-Verderber In Teutschland« (Leipzig?). Weise veröffentlicht im Laufe seines Lebens insgesamt mindestens 167 Einzeldrucke.
1672	»Die drey ärgsten Ertz-Narren« (Leipzig?).
1675–1677	»Der Grünen Jugend Nothwendige Gedancken« Weißenfels 1675, und »Der Politische Redner«, Leipzig 1677, erscheinen im Druck.

1678	Weise erhält die Rektorenstelle am Gymnasium seiner Heimatstadt, einer protestantischen Gelehrtenschule. Neben den traditionellen gelehrten und rhetorischen Studien fördert er neue Fächer wie Geschichtsschreibung oder Geographie, wodurch die Zittauer Schule auch für Schüler höherer Stände attraktiv wird. In seinen 30 Rektoratsjahren konzentriert sich Weise vor allem auf eine Verhaltenslehre, die er in lateinischen und deutschen Lehrbüchern, und in etwa 60 Theaterstücken darlegt und vorführt. »Der Politische Näscher« (Leipzig).
1679	»Baurischer Machiavellus«, (Dresden).
1683	Als Dramatiker gibt Weise in Stücken wie »Baurischer Machiavellus«, »Der Verfolgte Lateiner«, oder »Masaniello« (Zittau 1683) die zeitgenössische Gesellschaft (teilweise durch klischeehafte Bilder) wie der.
1685	Jedes Jahr, zunächst zur Fastnacht und in diesem Jahr zum Martinsfest, werden von den Schülern für die Eltern und externen Gäste je drei Stücke gespielt: ein geistliches (Bibel-)Stück, ein politisches Geschichtsstück und ein Lustspiel. Die Stücke haben unter anderem das Ziel, soziales Wissen spielerisch einzuprägen. Weise erwirbt durch diese Tradition sich und seiner Schule einen bemerkenswerten Ruf.
1692	Weises poetologische Schrift »Curiöse Gedancken Von Deutschen Versen« (Leipzig) erscheint. Sie repräsentiert exemplarisch die seit Opitz' Tagen fortschreitende Tendenz zur Reduktion der Poetologie auf eine praktisch-anleitende Verskunst.
1696	»Der Verfolgte Lateiner« (Leipzig).
1708	Wegen seiner altersschwachen Augen muß Weise das Rektorat aufgeben. Nachfolger wird sein Schüler, der Laubaner Rektor Gottfried Hoffmann. *21. Oktober:* Weise stirbt in Zittau.

Dekadente Erzählungen

Im kulturellen Verfall des Fin de siècle wendet sich die Dekadenz ab von der Natur und dem realen Leben, hin zu raffinierten ästhetischen Empfindungen zwischen ausschweifender Lebenslust und fatalem Überdruss. Gegen Moral und Bürgertum frönt sie mit überfeinen Sinnen einem subtilen Schönheitskult, der die Kunst nichts anderem als ihr selbst verpflichtet sieht.

Rainer Maria Rilke Die Aufzeichnungen des Malte Laurids Brigge **Joris-Karl Huysmans** Gegen den Strich **Hermann Bahr** Die gute Schule **Hugo von Hofmannsthal** Das Märchen der 672. Nacht **Rainer Maria Rilke** Die Weise von Liebe und Tod des Cornets Christoph Rilke

ISBN 978-3-8430-1881-4, 412 Seiten, 29,80 €

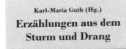

Erzählungen aus dem Sturm und Drang

Zwischen 1765 und 1785 geht ein Ruck durch die deutsche Literatur. Sehr junge Autoren lehnen sich auf gegen den belehrenden Charakter der - die damalige Geisteskultur beherrschenden - Aufklärung. Mit Fantasie und Gemütskraft stürmen und drängen sie gegen die Moralvorstellungen des Feudalsystems, setzen Gefühl vor Verstand und fordern die Selbstständigkeit des Originalgenies.

Jakob Michael Reinhold Lenz Zerbin oder Die neuere Philosophie **Johann Karl Wezel** Silvans Bibliothek oder die gelehrten Abenteuer **Karl Philipp Moritz** Andreas Hartknopf. Eine Allegorie **Friedrich Schiller** Der Geisterseher **Johann Wolfgang Goethe** Die Leiden des jungen Werther **Friedrich Maximilian Klinger** Fausts Leben, Taten und Höllenfahrt

ISBN 978-3-8430-1882-1, 476 Seiten, 29,80 €

Erzählungen aus dem Sturm und Drang II

Johann Karl Wezel Kakerlak oder die Geschichte eines Rosenkreuzers **Gottfried August Bürger** Münchhausen **Friedrich Schiller** Der Verbrecher aus verlorener Ehre **Karl Philipp Moritz** Andreas Hartknopfs Predigerjahre **Jakob Michael Reinhold Lenz** Der Waldbruder **Friedrich Maximilian Klinger** Geschichte eines Teutschen der neusten Zeit

ISBN 978-3-8430-1883-8, 436 Seiten, 29,80 €